本书是黑龙江省教育改革项目"东北小延安精神融入地方高校思政课教学研究"（编号SJGSZD2021039）的阶段性研究成果。

GAOXIAO SIXIANG ZHENGZHI JIAOYU DE
JIBEN LILUN YU SHIJIAN YANJIU

高校思想政治教育的基本理论与实践研究

栾声越 ◎ 著

图书在版编目（CIP）数据

高校思想政治教育的基本理论与实践研究/栾声越著.—北京：知识产权出版社，2024.8.—ISBN 978-7-5130-9502-0

Ⅰ.G641

中国国家版本馆 CIP 数据核字第 2024UL4865 号

内容提要

本书主要探讨了高校思想政治教育的有关问题，在研究高校思想政治教育的基本理论与实践、阐述高校思想政治教育的基础认知后，从教育目标、教育内容与教育价值的角度，论述高校思想政治教育的理论体系；深入分析高校思想政治教育的方法、实践，并从多个角度讨论高校思想政治教育的媒介创新实践，为高校思想政治教育的改革与创新提出建设性的意见。

本书既适合作为高校思想政治教育工作者的研究参考，也适合作为相关专业学生的学习资料。

责任编辑：李 叶　　　　　**责任印制**：孙婷婷
封面设计：段维东

高校思想政治教育的基本理论与实践研究

栾声越　著

出版发行	知识产权出版社有限责任公司	网　　址	http://www.ipph.cn
电　　话	010-82004826		http://www.laichushu.com
社　　址	北京市海淀区气象路 50 号院	邮　　编	100081
责编电话	010-82000860 转 8745	责编邮箱	laichushu@cnipr.com
发行电话	010-82000860 转 8101	发行传真	010-82000893
印　　刷	北京中献拓方科技发展有限公司	经　　销	新华书店、各大网上书店及相关专业书店
开　　本	880mm×1230mm　1/32	印　　张	5.5
版　　次	2024 年 8 月第 1 版	印　　次	2024 年 8 月第 1 次印刷
字　　数	113 千字	定　　价	50.00 元

ISBN 978-7-5130-9502-0

出版权专有　侵权必究
如有印装质量问题，本社负责调换。

前言

高校思想政治教育不仅关乎大学生思想道德素质的培养，还直接影响国家的未来发展和社会的和谐稳定。从基本理论层面来看，高校思想政治教育以马克思主义为指导思想，旨在培养具有高尚品德、坚定信仰、创新精神和社会责任感的高素质人才。在思想政治教育过程中，强调理论与实践相结合，注重将党的理论创新成果转化为具体的教学内容，通过课堂教学、社会实践等多种方式，引导学生树立正确的世界观、人生观和价值观。在实践研究方面，高校思想政治教育不断探索创新教学方法和路径，以适应新时代大学生的特点和需求，包括利用现代信息技术手段丰富教学资源，提高教学互动性和吸引力，让学生在实践中感悟理论、增长才干，为培养德智体美劳全面发展的社会主义建设者和接班人贡献力量。

本书首先从核心理念、时代特征和作用三个方面，对高校思想政治教育的基础进行全面阐述；其次深入探讨思想政治教育的理论体系，包括理论基础、目标设置、内容拓展和价值解析；再次聚焦于方法实践，详细分析理论与实践法、综合方法运用及现代化视域下的方法创新；最后着眼于媒介创新，探讨图像符号、公益广告、网络短视频及网络流行语等新型媒介在高校思想政治教育中的应用与影响。

本书注重理论与实践的紧密结合，既深入挖掘高校思想政治教育的理论基础，又详细剖析其在实际操作中的方法与策略。此外，本书语言平实流畅、逻辑清晰严谨，既适合作为高校思想政治教育工作者的研究参考，也适合作为相关专业学生的学习资料。通过本书的阅读与学习，读者可以更全面地理解高校思想政治教育的内涵与价值，更深入地掌握其方法与技巧。

目 录

第一章 高校思想政治教育基础 ········· 001
 第一节 高校思想政治教育的理念 / 001
 第二节 高校思想政治教育的特征 / 011
 第三节 高校思想政治教育的作用
   ——培养时代新人 / 020

第二章 高校思想政治教育的理论体系 ········· 031
 第一节 高校思想政治教育的理论基础 / 031
 第二节 高校思想政治教育的目标设置 / 038
 第三节 高校思想政治教育的内容拓展 / 051
 第四节 高校思想政治教育的价值解析 / 079

第三章 高校思想政治教育的方法实践 ········· 089
 第一节 高校思想政治教育的理论与实践法 / 089

第二节 高校思想政治教育的综合方法运用 / 107

第三节 现代化视域下高校思想政治教育的
方法创新 / 115

第四章 高校思想政治教育的媒介创新 …… 124

第一节 图像符号在高校思想政治教育中
的应用 / 124

第二节 公益广告促进高校思想政治教育的
发挥 / 139

第三节 网络短视频对高校思想政治教育的
影响与应对 / 146

第四节 网络流行语背景下高校思想政治教
育的话语创新 / 155

参考文献 …… 163

第一章

高校思想政治教育基础

第一节 高校思想政治教育的理念

高校思想政治教育的理念是构建学生全面发展与成长成才的重要基石。在构建思想政治教育理念时，必须考虑学生群体的需求，确保理念体现思想政治教育的本质和发展方向。这意味着理念必须与学生群体的内在发展需求紧密契合，以实现教育的有效性和适切性。同时，关注个体在发展过程中的必然趋势和完善方向。因此，思想政治教育理念应既关注整体大势，反映学生集体的共同追求和成长动力，也注重个体差异，为每位学生的独特发展提供支持与引导。在这个过程中，理念应不断演进，以适应社会的变革和学生的多样性，促使学生在全面发展中找到实现个体价值的最佳路径。

一、以人为本

高校思想政治教育的以人为本理念强调的是教育过程中要以学生为中心，全心全意为学生服务，充分尊重和深度关注学生的主体性和个性差异。每一位学生都是独特的个体，他们拥有不同的背景、兴趣、才能和梦想，思想政治教育的任务是发掘并尊重这些差异，帮助每一位学生找到属于自己的发展道路。

在思想政治教育过程中，教师有着重大的责任，他们不仅需要深入了解学生的实际需求，还要洞察学生的心理特点和成长规律。这些细致入微的了解是设计教育内容和方法的重要基础，只有真正站在学生的角度才能制订出符合他们成长需求的教育方案。

以人为本的教育理念对教师提出了更高的要求，它要求教师必须摒弃过时的、单一的教学方式，采用更加灵活多样的教学方式，如启发式、讨论式教学方式等，这些教学方式能够鼓励学生主动思考、积极参与，从而在探索和学习中实现自我成长。

此外，教师还应深度关注学生的情感体验和内心需求。思想政治教育不仅是知识的传授，更是情感的交流和心灵的触碰。教师要努力营造一个和谐、民主、平等的教育环境，让学生在这里感受到尊重、理解和关爱。只有在这样的氛围中，学生才能放下心中的防备，敞开心扉，真正接受教育，实现内心的成长和蜕变。

同时，以人为本的教育理念也强调学生的自我实现。教师要鼓励学生勇于追求自己的梦想，敢于挑战自我，不断超越自己。在这一过程中，教师要给予学生足够的支持和引导，帮助他们克服困难，实现自我价值。

高校思想政治教育以人为本的理念不仅是一种教育方法，更是一种教育哲学，它要求教师从学生的实际需求出发，尊重学生的个性发展，关注学生的心理成长，营造和谐的教育环境，帮助学生实现自我价值。这样的教育理念不仅能促进学生的全面发展，也能为社会培养更多具有健全人格和独立思维的优秀人才。

二、德育为先

在思想政治教育中，德育贯穿于教育的全过程。德育为先的教育理念，既是对教育本质的回归，也是对人才培养目标的明确指向。该理念强调全面引导学生树立正确的世界观、人生观和价值观，从而培养他们的道德情操和社会责任感。

德育为先的教育理念要求教师在课程设置、教学内容和教学方法上都体现德育的核心地位，确保德育不是孤立的，而是各科教学的有机组成部分。这样，学生在学习知识的同时，也能在潜移默化中受到道德熏陶，逐步形成正确的价值观念和行为习惯。

德育为先强调通过实际行动和体验增强学生的道德意识和社会责任感。教师和教育工作者的言行举止、道德风范对学生有着深远的影响，是最生动、最直接的德育素材。因此，教师应注重身教胜于言教，以自身的言行示范影响和感染学生。同时，通过开展丰富多彩的德育活动，如志愿服务、社会实践等，让学生在亲身体验中感悟道德的力量，形成良好的道德品质。参与志愿服务和社会实践活动，不仅能够培养学生的社会责任感和奉献精神，还能让他们在真实的社会情境中锻炼解决问题的能力，增强实践能力和社会适应能力。

德育为先的理念强调德育活动的多样性和创新性。为了提高德育的实效性和吸引力，教师应根据学生的年龄特点、兴趣爱好和心理需求，设计并组织形式多样、内容丰富的德育活动。例如，可以通过组织文化讲座、主题班会、参观学习、辩论赛等形式，激发学生参与德育活动的兴趣和积极性。这些多样化的德育活动，不仅能使学生在轻松愉快的氛围中接受道德教育，还能提高他们的道德认知水平和道德判断能力。

此外，德育为先还强调家庭、高校和社会的共同参与和密切合作。德育不仅是高校的责任，也是家庭和社会的共同责任。家长在日常生活中对孩子的德育十分重要，他们应通过言传身教，为孩子树立良好的道德榜样。同时，社会各界也应积极参与德育工作，为学生提供良好的道德教育环境和丰富的社会实践机会。只有家庭、高校和社会三方联动，共同努力，才能形成全方位、多层次的德育工作体系，促进学生道德品质的发展。

三、全面发展

全面发展是指德智体美劳各方面的和谐发展，教育在这一过程中扮演着至关重要的角色，是实现全面发展的关键。在思想政治教育中，必须以全面发展理念为指导，确保学生得到全方位的培养。因为学生是国家未来的建设者，必须让他们得到全面成长，提升他们的思想道德素质、科学文化素质和身体健康素质。这样的培养不仅造福于学生个人，也有助于国家的长远发展。思想政治教育工作者应当以全面发展为目标，通过教育引导学生在各个方面取得均衡发展，成为德智体美劳全面发展的优秀人才。

高校思想政治教育的对象是学生，学生的成长应综合考虑思想政治教育与成才需求。高校思想政治教育应引导学生认清统一学习与思想政治修养、书本知识与社会实践、个人价值与国家服务、理想追求与实践奋斗的关系。通过这样的教育引导，学生将更有可能为中华振兴贡献力量。思想政治教育工作者应以这一理念为指导，为学生的全面发展提供有效的支持和指导。

在高校思想政治教育实践中，教师需要关注学生的心理健康，需加强心理健康教育。通过关注学生的心理健康，教师能够更好地理解和应对学生在成长过程中可能遇到的心理困扰和挑战。这种关注不仅仅限于应对问题，更要求预防为主，通过培养学生的自我认知能力和情绪管理技巧，帮助他们建立并保持健康的心理状态，为未来的学习和生活奠定坚实的基础。

此外，高校思想政治教育对于学生人力资源的开发至关重要。在社会发展中，个体素质的提升尤为重要，特别是在现代化进程中，除了智力资源外，非智力资源的发展也至关重要。人力资源开发的目的是激发个体的积极性和创造性，实现他们的全面发展和价值。思想政治教育不仅是传授知识和技能，更重要的是塑造学生的思想品德，激发其内在的潜能和创造力。

通过这样的教育，个体能够更好地适应社会发展的需求，为国家的现代化建设和长远发展作出更大的贡献。重视思想政治教育在学生人力资源开发中有至关重要的作用，不仅有助于推动社会的进步，还能够为国家现代化建设提供强大的人才支持。

四、和谐发展

高校思想政治教育的和谐发展理念，是指在培养学生思想品德、提升社会责任感和创新能力的过程中，强调个体与社会、个体与自然、个体内部各要素之间的和谐统一与协调发展。和谐发展理念旨在通过教育引导使学生在成长过程中形成积极健康的心态和行为模式，促进个体与社会、个体与环境之间的和谐互动。

首先，和谐发展理念强调个体与社会的和谐。高校思想政治教育的使命不仅在于传授学科知识，更在于培养学生的社会责任感和公民意识。在这一过程中，学生通过课堂学习与社会实践的结合，逐步认识到个人行为对社会的深远影响。例如，参与社区服务或社团活动，学生不仅是在提升自己的能力，更是在为社会贡献力量，这一过程不仅加深了他们对社会运作机制的理解，还锻炼了他们的团队协作和领导能力，有助于形成健全的社会交往能力和团队合作精神。

其次，和谐发展理念关注个体与自然的和谐。当前全球生态环境问题日益严峻，高校教育有着重要的历史责任，即引导学生树立生态文明观念，提升生态环境保护意识。通过生态教育课程、实地考察和环保志愿活动，学生能够深刻体会到人类与自然生态系统的相互依存关系。这种深刻的体验不仅是知识的传递,更是情感与态度的塑造。学生通过亲身经历,逐步形成了珍惜自然资源、保护生态环境的内在动机和行动意愿,从而促进人与自然的和谐共生,为可持续发展贡献自己的智慧和力量。

最后,和谐发展理念注重个体内部各要素的协调发展。高校思想政治教育不再仅关注学生的学业成绩,而是全面培养其思想道德素养、身心健康等。当今社会,心理健康问题日益突出,艺术文化的力量也逐渐被重视。因此,通过开展心理健康教育、艺术文化教育等多样化活动,高校能够帮助学生有效地管理个人情绪,树立积极健康的人生观和价值观,实现个人内在各要素的和谐统一。例如,心理健康教育可以帮助学生认识到压力管理的重要性,学会如何有效应对挑战和困难;而艺术文化教育则能够激发学生的创造力和审美能力,培养他们对人文精神的尊重和理解,进而提升个体的整体素质和社会价值。

五、素质教育

素质教育的特点在于关注学生的整体成长,致力于塑造具备创造力的个体,为其未来的学习之路提供持久的支持。可从以下六方面加强学生的素质教育。

第一,加强爱国主义和社会主义教育。爱国主义和社会主义教育是素质教育的重要组成部分,旨在培养学生的爱国主义、集体主义和社会主义思想,以及相应的行为品质。一方面,爱国主义教育通过历史、文化、地理等多方面的知识教育,让学生了解国家的历史进程和文化传统，增强对国家的认同感和自豪感。通过开展国旗下的讲话、纪念日活动、历史文化考察等方式，激发学生的爱国热情，使他们从小树立报效祖国的志向。另一方面，社会主义教育强调集体主义精神，培养学生的合作意识和团队精神。通过集体活动、团队项目和社会实践，学生学会在集体中找到自己的位置，认识到个人与集体的关系，培养服务社会、奉献他人的精神。这样的教育不仅塑造学生的思想品质，还为他们将来成为合格的社会主义建设者打下坚实基础。

第二，培养学生以广大人民群众利益为最高标准的思想观念，这是素质教育的目标之一。这一目标要求学生在思考问题和采取行动时，始终把群众利益放在首位，引导他们的言论和行动符合群众利益。高校可以通过开设社会责任课程，组织学生参与社区服务和公益活动，让他们在实践中理解群众利益的重要性。同时，通过案例分析、专题讨论等方式，使学生认识到个人发展与社会进步的密切关系，培养他们的社会责任感和公民意识。这样的教育不仅使学生在思想上得到升华，也让他们在实践中锻炼了能力，为他们未来能更好地适应自己的社会角色做好准备。

第三，强调党的基本路线和国情教育，使学生深入了解党的方针政策和国家情况，增强他们的国家认同感。这方面的教育包括对党史的学习、对党的基本路线的理解及对国家发展现状和前景的认知。高校通过开展党史学习教育、组织学生参观红色教育基地、举办国家发展成就展览等活动，使学生全面了解党的光辉历程和国家的巨大成就。同时,高校可以通过专题讲座、专家报告等形式,让学生了解国家的经济、政治、文化等各方面的发展现状和面临的挑战,增强他们的责任感和使命感。这种教育不仅让学生在知识上得到充实,更在情感上增强了对国家的认同和热爱。

第四,加强思想教育。思想教育是素质教育的重要内容,可以引导学生适应时代发展的要求,为未来的发展做好准备。高校可以通过开设思想政治理论课程、组织理论学习小组、开展社会调研等方式,让学生深入学习新时代思想理论,增强他们的理论素养和实践能力。通过这样的教育,学生不仅能够适应时代发展的要求,还能在未来的个人发展过程中起到引领和示范作用。

第五,加强科学文化素质的培养。科学文化素质是素质教育的重要组成部分,它涵盖科学知识与文化素养的广泛内容。在这一方面,应当注重培养学生的科学探究精神,鼓励他们对未知领域的好奇心与探索欲,通过多样化的教学方法和实践活动,激发学生对科学知识的兴趣与热爱。同时,加强文学、艺术、历史等人文社科领域的教育,提升学生的文化素养,使他们能够在多元文化的熏陶下,形成独立思考与批判性思维,为成为具有广泛知识背景和深厚文化底蕴的复合型人才打下坚实的基础。

第六,加强身体心理素质的锻炼。身心健康是个人发展的基石,也是素质教育不可忽视的一环。在身体素质教育方面,高校应积极推动体育活动的开展,确保学生有足够的体育锻炼时间，通过团队运动、体能训练等多种形式，增强学生的体质，培养他们的团队合作精神与坚韧不拔的意志品质。在心理素质方面，则需重视学生的心理健康教育，开设相关课程或讲座，教授学生应对压力、管理情绪的方法，增强他们的自我认知与自我调节能力，帮助学生在面对挑战与困难时能够保持积极乐观的心态，有效促进其心理健康与社会适应能力的全面提升。

六、社会责任感

培养社会责任感是思想政治教育的重要任务。社会责任感是指个体对社会的义务和责任的认识和担当，是公民素质的重要组成部分。在现代社会中，社会责任感的培养对于个人的全面发展和社会的和谐进步具有重要意义。通过有效的思想政治教育，学生能够树立正确的价值观和责任感，成为对社会有益的公民。在高校思想政治教育中，教师应通过多种途径培养学生的社会责任感，具体如下。

首先，教师要引导学生关注社会问题，了解国家和社会的发展动态，增强他们的国家意识和民族自豪感，这可以通过课堂教学、专题讲座、新闻分析等方式实现。教师可以组织学生讨论当前的社会热点问题，让他们了解社会现状和面临的挑战，并鼓励他们思考解决问题的办法。通过这种方式，学生不仅能提高对社会的关注度，还能增强分析和解决问题的能力，培养他们对社会发展的责任感。

其次，教师要鼓励学生积极参与社会实践活动，如环保、公益活动等，让他们在实际行动中体验社会责任的重要性。高校可以组织各种形式的志愿服务活动，如社区清洁、敬老院慰问、植树造林等，让学生在实践中体会到自己的努力对社会的积极影响。同时，高校应与社会各界合作，搭建学生参与社会实践的平台，为学生提供更多的实践机会。通过这些活动，学生不仅能增强社会责任感，还能培养团队合作精神和实际动手能力，为将来更好地服务社会做好准备。

最后，教师应注重培养学生的公民意识，教育他们遵守法律法规，尊重他人权利，履行公民义务。公民意识的培养是社会责任感教育的重要内容。教师应通过法治教育、道德教育等方式，使学生了解和掌握基本的法律知识，认识到遵守法律是每个公民的责任。同时，教师还应引导学生尊重他人的权利，理解并践行社会公德，增强他们的社会道德感和责任感。高校通过各种形式的教育活动，如模拟法庭、道德讲堂等，增强学生的法律意识和道德观念，培养他们成为守法、诚信、有责任感的公民。

第二节 高校思想政治教育的特征

一、高校思想政治教育主体的特征

（一）深厚的理论素养与学术底蕴

高校思政课教师作为思想政治教育的主体，承载着传授马克思主义理论，引导学生树立正确世界观、人生观和价值观的重要使命。因此，他们必须具备深厚的马克思主义理论素养和学术底蕴，这是其作为教育主体的基石。思政课教师需深入研究和掌握马克思主义基本原理，不仅要熟悉马克思主义的经典著作，还要关注马克思主义理论的新发展。深厚的理论素养不仅体现在思政课教师对教材的熟悉和掌握上，更体现在他们能够将理论知识与时代发展紧密结合，并进行有深度的理论阐述和讲解。他们应关注社会热点、难点问题，运用马克思主义的理论和方法进行分析和解读，帮助学生理解和认识社会现象，培养他们的理论思维能力和问题解决能力。同时，高校思政课教师还应结合学生实际，关注他们的思想动态和需求，将理论知识转化为学生易于接受的语言和形式，使思想政治教育更加贴近学生、贴近实际、贴近生活。

（二）坚定的政治立场与高尚的道德品质

高校思政课教师的政治立场和道德品质对于教育成效有至关重要的作用。他们必须坚定拥护中国共产党的领导，这是由我国社会主义教育事业的性质决定的，也是确保教育方向正确、培养社会主义建设者和接班人的根本要求。同时，他们要坚持社会主义方向，不断学习和贯彻党的教育方针，确保思想政治教育与党和国家的发展大局紧密相连。

在面对复杂多变的社会思潮和舆论环境时，高校思政课教师必须具有高度的政治敏感性和鉴别力。他们应准确判断各种思潮和舆论的本质与倾向，及时识别和抵制那些与社会主义核心价值观相悖的言论和行为。在引导学生时，他们要保持清醒的头脑，用正确的政治观念引导学生，帮助他们树立坚定的政治信仰和理想信念。

除了坚定的政治立场外，高校思政课教师还应具备高尚的道德品质，必须以身作则，用自己的言行来示范和引领学生。高校思政课教师要秉持诚信、公正、敬业等社会主义核心价值观，做到言行一致、表里如一。在教育过程中，他们要关注学生的道德发展，注重培养学生的道德判断和道德实践能力，帮助他们成为具有高尚品德和良好道德风尚的新时代青年。

(三) 创新的教学方法与丰富的教学经验

高校思政课教师教学方法的创新与教学经验的积累对于提升教育实效性有至关重要的作用。在新时代背景下，面对学生需求的多元化和个性化发展，高校思政课教师必须不断创新教学方法，以适应这一变化。

创新教学方法是提升思政课吸引力的关键。高校思政课教师应善于运用现代教育技术和手段，如网络教学、虚拟现实教学等，将抽象的理论知识以直观、生动的方式呈现给学生，从而提高课程的吸引力和感染力。通过引入案例分析、小组讨论、角色扮演等互动式教学方法，高校思政课教师可以激发学生的学习兴趣，引导他们主动参与课堂讨论，培养他们的批判性思维和解决问题的能力。

与此同时，丰富的教学经验是高校思政课教师不可或缺的宝贵财富。在长期的教学实践中，思政课教师积累了大量的教学经验和案例，能够根据学生的不同特点和需求，进行个性化的教学设计和指导。他们了解学生的学习习惯、兴趣爱好和认知特点，能够因材施教，为不同层次和背景的学生提供有针对性的教学方案。这种个性化的教学设计和指导有助于满足学生的多样化需求，促进他们的全面发展。

创新的教学方法与丰富的教学经验相辅相成，共同构成了高校思政课教师独特的教学魅力。创新的教学方法为思政课注入了新的活力，使教学更加贴近学生实际和生活；而丰富的教学经验则为思政课提供了坚实的支撑，确保教学能够深入浅出、有的放矢。二者的有机结合有助于激发学生的学习兴趣和积极性，提高思想政治教育的实效性，为培养具有高尚品德和创新能力的新时代人才奠定坚实基础。

二、高校思想政治教育客体的特征

在思想政治教育语境中，客体是相对于主体而言的，是主体实践和认识活动的对象。高校思想政治教育的客体就是学生，所有的教学活动、课程内容及实践环节都是围绕学生展开的。

（一）思想活跃性与可塑性并存

大学生正处于人生观、价值观形成的关键时期，也是充满探索与发现的阶段。他们思想活跃，如同初升的太阳，充满朝气和活力，乐于接受并尝试新鲜事物。对于新思想、新观念，大学生怀有一种天然的好奇心和强烈的探索欲，渴望通过学习和实践拓宽视野、丰富内心世界。如今的大学生更容易接受和吸纳各种知识和观念，为他们的全面发展提供了广阔的空间。

然而，与此同时，这种思想活跃性也意味着他们的思想观念尚未定型，如同未经雕琢的璞玉，具有较强的可塑性。他们的价值观、人生观等都在不断地形成和变化之中，容易受到外界环境和各种思潮的影响。

因此，高校思想政治教育的正确引导显得尤为重要，它不仅关乎学生个人的健康成长和发展，更直接关系到学生未来发展方向的选择和社会责任感的培养。高校作为思想教育和人才培养的重要阵地，必须充分把握这一关键时期，通过科学的教育方法和丰富的教育内容，引导学生树立正确的价值观，培养他们的社会责任感和历史使命感，为他们的未来发展奠定坚实的基础。

(二) 价值观念多元化

随着信息时代的到来和全球化的加速，大学生所处的社会环境和文化氛围发生了深刻的变化。他们不再局限于传统的、单一的信息来源和文化背景，而是能够通过各种渠道接触丰富多样的信息和文化。这种多元的信息和文化环境为大学生的成长提供了广阔的空间，但同时也使他们的价值观念呈现出多元化的特点。

不同的文化背景、家庭环境、个人经历等因素共同作用于学生个体，使他们的价值观念和行为模式呈现出多样化的特征。有的学生可能更加注重个人自由和发展，有的学生可能更加强调社会责任和奉献，还有的学生可能更加关注环境保护和可持续发展等问题。这种多样化的价值观念和行为模式是大学生个体差异性的体现,也是他们思想活跃性和创新性的源泉。

价值观念的多元化也给高校思想政治教育带来了新的挑战。如何在尊重差异的同时,引导学生形成积极向上的核心价值观,成为高校思想政治教育面临的重要任务。这就要求高校必须采取包容性的策略,尊重并理解学生的不同价值观念和行为模式,通过对话、交流和引导,帮助学生在多元中寻求共识,形成符合社会主流和积极向上的核心价值观。同时,高校还应该注重培养学生的批判性思维和辨别能力,帮助他们在多元的信息和文化环境中保持清醒的头脑,作出正确的价值判断和行为选择。

(三) 自我意识强烈

当代大学生普遍展现出强烈的自我意识,这是他们成长过程中的一个重要特征。他们渴望自我实现、追求个性表达,对自我价值的认可和实现抱有极高的期待。这种自我意识如同一把双刃剑,既是推动学生自我发展的强大动力,也可能导致他们过分关注个人利益,从而忽视了社会责任的重要性。在这种强烈的自我意识驱动下,学生往往更加注重个人成就和满足,追求独特的个性和生活方式。然而,如果这种自我意识过度膨胀,就可能导致学生变得自私、冷漠,对他人和社会的需求漠不关心,这不仅会影响他们的人际关系和社交能力,还可能阻碍他们的全面发展和社会融入。因此,高校思想政治教育需要引导学生树立正确的自我认知,教育学生如何平衡个人价值与社会价值的关系,培养他们的集体意识和奉献精神,使他们能够在追求个人梦想的同时,也关注社会的福祉和进步。

三、高校思想政治教育环境的特征

(一) 多元化

高校思想政治教育环境的多元化，指的是教育环境的丰富多样性和开放性。随着对外开放进程的不断推进，高校思想政治教育环境呈现出了多元文化的面貌，形成了传统文化、现代文化等多种文化并存的格局。

首先，多元化的背景可以追溯到政治、经济、文化等方面的体制改革。这些改革不仅加速了社会结构的变迁，也推动了高等教育的多元发展，促进文化多样性的形成。在这种环境中，高校教育不再是单一意识形态的灌输，而是为不同文化背景和思想倾向的学生，提供广泛的学习空间和交流机会。

其次，多元化的环境反映了社会结构的复杂性。随着社会阶层的多元化和文化环境的复杂化，高校学生群体的构成也日益多样化。来自不同地域、家庭背景和文化传统的学生在同一个校园里汇聚，他们的思想观念和价值取向各不相同。这种多元性不仅丰富了学术讨论的角度和深度，也提升了学生理解和尊重他人观点方面的能力。

再次，多元化的思想政治教育环境推动了学生思想的开放性和包容性。学生在这样的环境中，不仅仅是被动接受教育，更能够主动参与思想的碰撞和交流中。他们学会通过对话和辩论来表达自己的观点，并尊重他人的不同看法，从而培养了开放的思维方式和包容的心态。

最后，多元化的高校思想政治教育环境也提升了教育质量和效果。面对复杂多变的社会现实和学生群体，高校不断调整和完善教育内容和方法，以适应多样化的需求。教师在教学过程中注重启发式教学、互动式教学等方法的运用，鼓励学生自主探索和思辨，培养他们的创新精神和批判思维能力。

(二) 包容性

在当前高校思想政治教育的实践中，包容性作为重要特征，展现出多方面的内涵和实质。

首先，包容性体现在教育内容的广泛性与多样性上。高校思想政治教育不仅注重传授传统理论知识，更致力于讲解涵盖多元文化、跨学科视野的内容，以促进学生对不同思想流派和文化传统的理解和尊重。

其次，包容性在教育方法与手段的选择上得到了具体体现。高校在教育实践中广泛采用互动讨论、案例分析、实地考察等多样化的教学方式，为学生提供了自主学习和批判性思维的空间，从而培养其开放包容的心态和能力。

最后，包容性还表现为教育管理与治理的理念与实践。现代高校倡导的多元文化教育观念要求高校管理者和教师在教育规划、政策制定和资源配置中，充分考虑不同群体、不同文化背景学生的需求与特点，努力营造公平、开放、包容的教育环境。

总之，高校思想政治教育环境的包容性不仅是教育实践的一种倡导，更是教育发展的必然趋势。通过构建开放包容的教育理念，高校能够更好地引导学生形成正确的世界观、人生观和价值观，培养他们跨文化交流与合作的能力，为构建和谐社会和促进全球化进程作出积极贡献。

(三) 动态性

动态性指的是高校思想政治教育环境中的各个要素始终处于运动变化之中，这种变化不仅源于社会、经济、政治等宏观层面的发展变迁，也源于个体思想、情感、行为等微观层面的波动与演进。人们改造世界的实践活动，无论是科技进步、文化传承还是社会变革，都在不断推动思想政治教育环境的变化。这种变化是持续的、多样的，并且往往难以预测。

动态性特征对思想政治教育活动提出了严峻的挑战。传统的、静态的教育模式和方法往往难以适应快速变化的环境，难以有效应对学生思想观念和价值取向的多元化趋势。因此，思想政治教育活动必须具备高度的灵活性和适应性，能够根据环境的变化及时调整策略和方法。这意味着教育者需要时刻保持敏锐的洞察力，能够准确感知环境的变化，并据此制订和实施有针对性的教育方案。

同时，动态性特征也为思想政治教育活动提供了创新的机遇。在变化的环境中，教育者可以积极探索新的教育理念、方法和手段，以更加贴近学生实际、更加符合时代要求的方式开展教育活动。例如，可以利用现代信息技术手段，如社交媒体、在线教育平台等，拓展教育的时空界限，增强教育的吸引力和感染力。

第三节　高校思想政治教育的作用——培养时代新人

一、时代新人的构成

（一）时代新人的主体构成

时代新人，"是与新时代同向同行，在新的时空语境下勇立时代潮头，具备新的精神面貌、能力素养及其使命担当的新一代奋斗者，是致力于实现中国梦的复合型人才"❶。时代新人是那些与崭新时代步伐一致，能够在新时代的背景下勇立潮头，展现全新精神风貌、具备高度能力素养及深刻使命感的奋斗者。他们不仅是中国梦实现的积极参与者，更是具备多方面才能的复合型人才。

从广义的视角审视，时代新人是一个和谐统一的集体，他们来自不同的民族、年龄层及职业，并非局限于某一特定群体，而是面向全社会，包括那些立志为国家的繁荣昌盛、民族的伟大复兴、人民的幸福生活而努力奋斗的中华儿女。他们虽身处各行各业，但都怀揣着共同的理想与追求，那就是为实现中华民族伟大复兴而不懈努力。

从狭义的角度来看，时代新人更多地指代那些在社会中表

---

❶ 王海棠. 高校思想政治教育培育时代新人的使命研究［D］. 兰州：西北师范大学，2023：13.

现最为积极、责任感最为强烈的青年群体。他们是推动时代前行的生力军，是新时代征程中的勇敢奋进者，也必将成为这个伟大时代成就的见证人。青年兴则国家兴，青年强则国家强，他们肩负着承前启后、继往开来的历史重任。

作为中国特色社会主义伟大事业的建设者和未来接班人，时代新人既享受着新时代发展带来的无限机遇，同时必须直面时代变迁中的种种挑战。在新的历史征程中，我们迎来了前所未有的发展机遇，中华民族正书写着历史上最为辉煌的篇章，全面建成小康社会、脱贫攻坚的决定性胜利，都为广大青年提供了实现梦想的广阔舞台。然而，时代的洪流中同样暗藏着诸多风险和挑战。在民族复兴的关键时期，世界格局正在发生深刻变化，各种思潮激荡碰撞，复杂多变的社会环境对青年一代提出了更高的要求。

尽管如此，广大青年学生面对这些机遇与挑战，依然能够勇往直前，以实际行动回应时代的呼唤。当代青年学生不仅充满活力，更富有创造性，他们敢于担当、勇于奋斗，且正处于价值观形成和稳固的重要阶段。因此，更应通过思想政治教育，引导他们成长为能够担当时代大任的新人，为民族的复兴贡献青春的力量。

从狭义视角审视时代新人，更应关注广大青年学生这一核心群体，他们是时代的未来、是国家的希望。通过发挥思想政治教育的铸魂育人功能，可以引导他们立志成为新时代的栋梁之材，不仅让他们具备坚定的理想信念，还拥有过硬的专业素养和实践能力。这样，他们才能够在新的历史条件下承担起时代新人的重任，为实现中华民族伟大复兴贡献自己的力量。这一过程不仅是对青年学生自身能力的全面提升，更是对国家未来发展潜力的深厚积淀。

(二) 时代新人的素养构成

现如今，时代新人面临建设现代化强国的历史使命，需要以崭新的姿态勇担重任、砥砺奋斗。这一重任注定了时代新人必须具备多维素养才能勇立时代潮头，走好新时代的长征路。

1. 坚定不移的理想信念

理想信念作为人类精神的灯塔，是时代新人勇往直前、奋力实现民族复兴梦想不可或缺的源动力。它不仅是个体人生价值观在奋斗目标上的集中体现，更是引领人们追求更加美好生活的精神支柱。理想信念如同精神的钙质，为时代新人提供了坚实的心理支撑和持续的动力源泉。

追溯历史长河不难发现，坚定的理想信念在中国共产党的百年奋斗史中发挥了举足轻重的作用。一代又一代热血青年怀揣着对马克思主义的坚定信仰，立足于中华大地，投身于救亡图存、振兴中华的伟大事业中。他们以青春之我，汇聚成了推动中华民族走向独立、富强的强大力量，用实际行动诠释了中国青年立志报国、艰苦奋斗的崇高精神风貌。

在当今这个多元且复杂的社会环境中，时代新人作为实现民族复兴梦想的先锋队，更需要在纷繁复杂的社会思潮中保持清醒的头脑，坚定自身的立场。这就要求时代新人必须具备坚定的理想信念，牢牢守住马克思主义意识形态的防线。同时，时代新人还应深化对中国特色社会主义共同理想的理解与认同，自觉抵制一切试图抹黑中国、破坏民族团结和社会稳定的言行。

时代新人应将个人梦想融入民族复兴的伟大事业中，确保青春之梦与民族复兴的奋斗目标相互激荡、同频共振。这不仅是对历史传统的继承与发扬，更是对时代责任的担当与践行。通过不断砥砺前行，时代新人必将在新的历史征程中书写属于他们的辉煌篇章，为实现中华民族伟大复兴的中国梦贡献青春力量。

此外，坚定的理想信念还意味着时代新人需要具备远见卓识和战略定力。在面对国内外复杂多变的形势时，他们能够洞察先机、把握大势，不为各种错误思潮和短视行为所迷惑。这种坚定的理想信念，不仅是对个人品质的锤炼，更是对国家未来命运的深邃洞察与积极掌控。

2. 坚实过硬的本领素质

在当今这个日新月异的时代，国际形势正经历着前所未有的深刻变化。人们所面临的是一个风雷激荡、变幻莫测的百年未有之大变局。在这一背景下，科技创新与人才资源已然成为国家实力比拼的重要衡量指标。时代新人作为这个时代的佼佼者，他们是推动创新创造的关键一环。

正因如此，时代新人必须锤炼出过硬的本领，才能为自己铸就坚实的成才之基。这不仅是对个人能力的挑战，更是对时代责任的担当。时代新人需要具备扎实的学识，将学习真本领视为立身的根本。这意味着，他们需要不断地汲取新知识，深化对专业领域的理解，以应对知识迅速更迭的挑战。

然而，仅拥有扎实学识并不足够，时代新人还需做到修身明德，以全面发展为目标。这不仅包括专业技能的提升，更涵盖了道德品质、人文素养及社会责任感等多方面的发展。只有这样，时代新人才能在复杂多变的社会环境中，迅速掌握新思想、新事物、新情况，以过硬的本领素质应对各种挑战。

此外，高度的政治意识和敏锐的洞察力也是时代新人不可或缺的素质。他们需要具备审视时代需求、回答时代问题的能力，这要求他们不仅要有深厚的专业知识，还要有宽广的视野和前瞻性思考。只有这样，时代新人才能以真才实学满足人民对美好生活的向往，才能在激荡的时代中掌握主动权，赢得未来。

过硬的本领与素质是时代新人立足社会的基石，也是他们引领时代发展的关键。这不仅需要时代新人自身的努力与拼搏，更需要社会各界的关注与支持。我们应该为时代新人提供更多的学习机会和成长平台，帮助他们不断提升自己的本领与素质，以更好地服务于社会、贡献于国家。同时，时代新人也应以更高的标准要求自己，不断追求卓越，为实现中华民族伟大复兴贡献自己的力量。

在这个知识爆炸、信息万变的时代，过硬的本领与素质已然成为时代新人的核心竞争力。只有不断锤炼自己、全面发展，才能在激烈的竞争中脱颖而出，成为引领时代发展的佼佼者。这是时代赋予我们的使命，也是我们对未来的坚定承诺。

3. 强烈无畏的使命担当

在历史的长河中,每一个伟大的时代都需要有强大使命感的勇者挺身而出。时代新人作为新时代的开拓者和实践者,从诞生之初就与"担负民族复兴大任"的高尚使命紧密相连。他们注定要成为历史使命的核心力量,以无畏的勇气和坚定的信念引领时代向前迈进。

在充满挑战和风险的道路上,时代新人必须展现出在逆境中前行的决心和勇气。他们需要强化自己的使命感,深刻理解并承担起民族复兴的历史责任。这不仅要求他们坚定理想信念和拥有过硬的能力,还需要他们具备创新意识,勇于探索未知,积极投身于民族复兴的伟大事业。

强烈的使命感意味着时代新人将个人命运与国家命运紧密相连,将个人梦想融入民族复兴的壮丽蓝图之中。他们要以理想信念为船帆,以过硬的能力为桨,勇往直前,不辜负时代的期望。在时代的浪潮中,他们必须敢于冲浪前行,直面挑战,以无畏的姿态迎接每一个困难和挑战。

时代新人的使命感还体现在他们对社会责任的深刻认识和积极履行上。他们要以身作则,成为社会主义核心价值观的践行者和传播者,引领社会风气,传播正能量。同时,他们还要关注国家发展大局,积极参与改革创新,为促进经济社会发展贡献智慧和力量。

在民族复兴的伟大征程中,时代新人必须保持清醒头脑和坚定立场,铭记使命,不断磨砺自我。他们要以强烈的使命感书写新时代的辉煌篇章，为实现中华民族伟大复兴的中国梦贡献青春力量。这种使命感不仅是对个人能力的挑战和提升，更是对时代责任的深刻认识和勇敢承担的体现。

4. 浓厚深沉的家国情怀

对于担当民族复兴大任的时代新人而言，深厚的家国情怀不仅是其担当这一重任的动力源泉，更是其砥砺强国之志、践行报国之行的先决条件。

家国情怀，简而言之，就是对国家和民族的深厚感情与责任担当。在全球化日益深入的今天，世界局势错综复杂，各种思想文化交流、交融、交锋更加频繁。在这样的背景下，时代新人必须认清世界局势，坚定国家立场，以家国情怀为引领，明确自身的责任与使命。

实现民族复兴的伟业，需要时代新人将爱国作为立身之本。这意味着，他们要胸怀爱国忧民之心，对国家和民族的命运保持高度的关切和责任感。这种情怀不仅体现在对国家的忠诚和热爱上，更体现在对人民福祉的深切关怀上。时代新人应饱含爱国爱民之情，将个人的发展与国家的进步、民族的振兴紧密结合起来，以实际行动践行爱国爱民之行。

在实际行动中，时代新人要以赤诚的家国情怀托举起家国的幸福未来。他们要积极投身于国家建设和社会发展的各个领域，为实现民族复兴贡献自己的智慧和力量。在科技创新、经济建设、文化传承、社会服务等方面，时代新人都应发挥表率作用，以实际行动诠释家国情怀的深刻内涵。

浓厚的家国情怀还要求时代新人具备国际视野和人类命运共同体意识。在推动国家发展的同时，他们应关注全球性问题，积极参与国际交流与合作，为推动构建人类命运共同体贡献力量。

时代新人作为实现民族复兴梦想的先锋力量，必须担当大任，必须铸牢理想信念之魂、锤炼过硬本领之体、自觉强化担当之行、厚植家国之情怀，以昂扬的精神姿态走在时代的前列，在奋斗中书写人生华章。

二、培育时代新人是新时代赋予高校思想政治教育的重要使命

（一）坚持社会主义办学方向

坚持社会主义办学方向不仅是教育方针的政治要求，更是对教育事业发展规律的深刻把握。它意味着高校教育应当深深植根于中国这片热土，紧密结合中国特色社会主义事业的发展现实与宏伟蓝图，肩负起培养社会主义事业合格建设者和可靠接班人的历史重任。在新时代的背景下，高校教育必须毫不动摇地坚持政治立场，清晰认识到自身所承载的政治责任，严格遵循党的教育方针政策，确保人才培养的正确方向和质量。

培养新时代的人才，不仅是党和国家事业发展的迫切需要，更是实现中华民族伟大复兴中国梦的关键一环。思想政治教育在这一过程中发挥着举足轻重的作用，应当充分发挥其政治引领功能，紧密服务于社会主义事业的大局。通过精心培育符合

时代要求的新一代人才,为解答"培养什么样的人"这一根本问题提供坚实支撑。

在这一理念的指导下,需要以更高的政治站位和更具前瞻性的战略眼光,多渠道、多形式地传播党的路线、方针、政策,推进主旋律教育。这样做的目的在于引导青年学生坚定正确的政治方向,深刻理解和领悟党的最新理论成果,培养他们过硬的思想政治素质,为他们成长为时代新人注入信心和力量,从而为国家长远发展贡献智慧和力量。

思想政治教育以培育时代新人为己任,这无疑是新时代坚持社会主义办学方向的应有之义。为了实现这一目标,需要遵循以下原则:首先,必须以马克思主义理论为根基,深化学生对这一科学理论的认知,让他们感受到真理的力量,从而坚定他们的政治信仰;其次,以服务人民、服务社会主义现代化建设、服务中华民族伟大复兴、服务世界和平与发展为教育的价值导向,引领学生确立正确的人生理想,让他们成长为有责任担当的时代新人,从而为党的事业贡献力量;最后,要紧密结合国家现阶段的奋斗目标,引导学生深刻理解中国特色社会主义事业的发展规划,明确自身的奋斗目标,牢记时代赋予的重任,在实践中不断锤炼自己,立志成为能够担当大任的新时代青年。

高校通过这些努力,不仅能够培养出符合社会主义事业发展需要的高素质人才,还能够进一步巩固和发展中国特色社会主义教育事业,为实现中华民族伟大复兴的中国梦提供坚实的人才保障和智力支持。这正是坚持社会主义办学方向的深刻内涵和应有之义。

(二) 践行立德树人根本任务

在新时代背景下,培育时代新人已然成为党的教育目标的生动体现。同时,这也为高校思想政治教育赋予了崭新的使命。我们致力于发展素质教育,完善个体人格,并为社会主义建设输送全面发展的人才,这既是高校教育的育人基准,也是思想政治教育应始终坚守的灵魂主线。

培育时代新人,不仅被视为思想政治教育的根本任务,更是立德树人目标的具体指向。归根结底,这一切都是为了解决"怎样培养人"这一根本问题。思想政治教育作为一项以人为实践对象的特殊活动,必须紧密围绕"怎样培养人"的实践逻辑展开。唯有如此,才能启迪智慧,提升学生思想政治素质,进而为他们的全面发展奠定坚实基础。

因此,高校思想政治教育应充分发挥其在个体发展中的重要功能,以立德为基石,努力丰富学生的精神世界,塑造他们优良的道德品质和政治素养。这样,才能培育出全面发展的时代新人,这不仅是思想政治教育的崇高使命,更是立德树人的本质要求。

(三) 坚守为党为国育才阵地

新时代的高校思想政治教育更应坚定跟随党的步伐,以党的教育方针政策为行动指南。必须充分利用教育阵地的人才培养优势,致力于塑造具备理想、有本领、有担当、有家国情怀等综合素养的时代新人。这不仅是对青年学生的全面培养,更是对他们成才需求的深度回应。在这一过程中，思想政治教育应发挥关键作用，通过系统的理论教学和实践活动，引导青年学生树立正确的世界观、人生观和价值观。我们要教育他们立志成为堪当大任的时代新人，不仅要有扎实的专业知识和技能，更要具备坚定的理想信念和高尚的道德品质。这样，他们才能在未来党的事业中薪火相传，成为合格的接班人。

此外，思想政治教育还应注重培养学生的创新思维和实践能力。在知识爆炸的今天，只有不断创新才能在激烈的竞争中立于不败之地。因此，要鼓励学生勇于探索未知领域，敢于挑战传统观念，以开放的心态接纳新事物。同时，通过丰富的实践活动提升学生的实际操作能力，使他们能够将理论知识转化为解决实际问题的能力。

在实现这一使命的过程中，思想政治教育工作者应不断提高自身素质，更新教育理念和方法；要深入研究新时代青年学生的特点和需求，以更加贴近学生实际的教学方式，激发他们的学习兴趣和热情。

第二章

高校思想政治教育的理论体系

第一节 高校思想政治教育的理论基础

一、马克思主义理论

高校思想政治教育的理论基础最重要的一方面是马克思主义理论。马克思主义理论不仅为高校思想政治教育提供了坚实的理论支撑，还深刻影响着其教育目标、内容与方法。马克思主义理论是一个科学的思想体系，涵盖了马克思主义哲学、政治经济学和科学社会主义等组成部分。其中，马克思主义哲学包括辩证唯物主义和历史唯物主义，揭示了自然界、人类社会和人类思维发展的普遍规律；政治经济学则分析了资本主义生产方式的本质及其运动规律；科学社会主义则阐明了无产阶级与人类解放的条件和现实道路。

马克思主义理论是高校思想政治教育的根本指导思想，它确立了思想政治教育的政治方向和理论基础，确保教育活动始终沿着社会主义方向前进。马克思主义关于人的全面发展的学说为高校思想政治教育提供了价值引领。该学说强调人的自由和全面发展，强调教育在促进人的全面发展中的重要作用，为高校思想政治教育设定了培养德智体美劳全面发展的社会主义建设者和接班人的目标。

马克思主义辩证唯物主义和历史唯物主义为高校思想政治教育提供了科学的方法论支持。辩证思维要求教师以发展的、全面的、联系的观点看待问题，引导学生正确认识社会现象和人生问题；历史唯物主义则强调社会存在决定社会意识，为分析社会现象、理解国家政策提供了有力的工具。

马克思主义理论强调理论与实践相结合，高校通过组织社会实践、志愿服务等活动，让学生将所学知识应用于实际，加深对马克思主义理论的理解和认同。同时，这些活动也有助于培养学生的社会责任感和实践能力。

高校将马克思主义理论融入校园文化建设之中，通过举办学术讲座、文艺演出、展览等形式多样的文化活动，营造浓厚的学术氛围和积极向上的校园文化环境。这些活动有助于引导学生树立正确的文化观和价值观，增强文化自信和价值认同。

二、社会主义核心价值观

社会主义核心价值观作为新时代中国特色社会主义思想的重要组成部分，为高校思想政治教育提供了明确的精神引领和价值导向。社会主义核心价值观不仅凝聚了中华民族优秀传统文化的精神精髓，还吸收了现代社会文明成果，展现当代中国社会的价值取向和精神追求。

社会主义核心价值观强调"富强、民主、文明、和谐"，这是国家层面的价值目标，体现了中华民族伟大复兴的中国梦。在高校思想政治教育中，这一价值目标应成为引导学生树立远大理想、坚定信念的重要支撑。通过教育使学生深刻认识到，个人的成长和发展与国家的繁荣富强紧密相连，从而激发他们的爱国热情和责任感，让他们积极投身到实现中华民族伟大复兴的实践中去。

"自由、平等、公正、法治"是社会层面的价值取向，也是社会主义核心价值观的重要组成部分。在高校思想政治教育中，这一价值取向应成为培养学生现代公民意识、法治观念的重要指引。教师应引导学生理解自由与责任、平等与尊重、公正与正义、法治与秩序的深刻内涵，使他们成为具有现代文明素养、遵守法律法规、维护社会公正的合格公民。

"爱国、敬业、诚信、友善"是公民个人层面的价值准则，也是社会主义核心价值观对公民道德行为的基本要求。在高校思想政治教育中，这一价值准则应成为塑造学生良好道德品质、规范其行为举止的重要标准。教师应通过课堂教学、实践活动等多种形式，将爱国情感、敬业精神、诚信意识和友善态度内化为学生的行为习惯，使他们在日常生活中践行社会主义核心价值观。

社会主义核心价值观的提出还为高校思想政治教育提供了

创新发展的理论契机。社会主义核心价值观具有鲜明的时代性、先进性和包容性,为教师提供了丰富的教育资源和广阔的教育空间。教师可以结合时代特点和学生实际,不断创新教育内容和方法,使思想政治教育更加贴近学生、贴近生活、贴近实际。

同时,社会主义核心价值观的培育和践行,也是一个长期而复杂的过程。在高校思想政治教育中,教师应注重理论与实践相结合,引导学生将社会主义核心价值观转化为自觉行动。通过组织社会实践、志愿服务等活动,使学生在服务社会、帮助他人的过程中体验和感悟社会主义核心价值观的真谛,从而增强其践行价值观的自觉性和坚定性。

三、中华优秀传统文化中的德育思想

中华优秀传统文化作为华夏文明的精神瑰宝,历经数千年的积淀与传承,蕴含着丰富的德育思想,这些思想不仅塑造了中华民族的精神面貌,也为当代高校思想政治教育提供了深厚的文化底蕴和道德支撑。

儒家思想中的德育思想尤为丰富。儒家强调仁爱、礼义、诚信等道德观念,认为人应以仁爱之心待人、以礼义之规行事、以诚信之本立世。这些观念构成了儒家德育思想的核心。在高校思想政治教育中,借鉴儒家的仁爱思想,可以培养学生的人文关怀和社会责任感;强调礼义之道,有助于学生形成良好的行为规范和社会秩序意识;倡导诚信之本,是塑造学生健全人格和道德品质的重要基石。

道家思想虽与儒家有所不同,但其德育思想同样深邃。道家主张自然无为、顺应天道，强调人与自然的和谐共生，以及内心的平和与宁静。这种哲学思想为高校思想政治教育提供了一种独特的视角，即引导学生关注自然、尊重生命，培养顺应自然、和谐共处的道德情怀。在当代社会，面对生态环境的挑战和人际关系的紧张，道家思想中的德育观念显得尤为重要，它有助于培养学生尊重自然、保护环境的意识，以及平和、宽容的心态。

墨家思想作为中国古代的另一重要思想流派，其德育主张也别具一格。墨家提倡兼爱非攻、尚贤节用，主张不分亲疏贵贱地普遍爱人，反对无谓的争斗和浪费。这些思想对于高校思想政治教育同样有借鉴意义。兼爱非攻的思想可以引导学生超越个人和团体的局限，培养博大的爱心和包容的胸怀；而尚贤节用的观念则鼓励学生尊重人才、崇尚节俭，形成正确的价值观和消费观。

中华优秀传统文化中的德育思想，不仅体现在儒家、道家、墨家等主流思想流派中，还广泛渗透于诗词歌赋、历史典故、民俗风情等各个方面。这些德育思想以其深厚的历史底蕴、独特的文化韵味和鲜明的民族特色，为高校思想政治教育提供了宝贵的资源。通过深入挖掘和传承这些思想，高校可以构建起更加符合中国国情和时代特征的思想政治教育体系。

在当代高校思想政治教育的实践中，应充分重视中华优秀传统文化中的德育思想，将其与现代教育理念和方法结合，创新德育工作的形式和内容。例如，可以通过开设相关课程、举办文化讲座、组织实践活动等方式，让学生亲身体验和感受传统文化的魅力，从而在其心灵深处种下道德的种子。同时，高校还应注重培养教师的传统文化素养，提升他们在思想政治教育中运用传统文化资源的能力。

四、其他相关学科的理论借鉴

高校思想政治教育作为一个复杂的系统工程，其理论基础的构建不仅依赖于本学科内部的深入探索，还需要广泛借鉴心理学、社会学、政治学等相关学科的理论成果，这些理论为思想政治教育提供了更为广阔的研究视野和方法论支持，有助于深化对思想政治教育本质和规律的认识，提升教育的针对性和实效性。

心理学作为研究人类心理活动和行为规律的科学，其理论成果对于高校思想政治教育具有重要的借鉴意义。例如，心理学中的认知理论揭示了人类信息加工、知识获取和思维过程的心理机制，为思想政治教育提供了关于学生认知发展、学习方式和思维特点的重要洞见。教师可以运用认知理论，设计更符合学生认知规律的教育内容和教学方法，提高教育的吸引力和感染力。此外，动机理论也是心理学中一个重要的研究领域，它探讨了人类行为背后的动力来源和激励机制。在思想政治教育中，了解学生的动机特点，激发其内在的学习动力，是提升教育效果的关键。教师可以通过动机理论的指导，设计更具激励性的教育活动和评价机制，引导学生积极参与思想政治教育过程中。

社会学作为研究社会结构、社会关系和社会变迁的学科，其理论同样为高校思想政治教育提供了有益的借鉴。社会结构理论分析了社会的组成要素、相互关系及其运行模式,有助于教师深入理解社会背景对学生思想观念和行为习惯的影响。在思想政治教育中,教师需要关注社会结构的变化,如家庭结构、教育体制、就业市场等,以及这些变化如何影响学生的价值观和行为选择。通过社会结构理论的指导,教师可以更加准确地把握学生的社会背景特征,制定更具针对性的教育策略。此外,社会互动理论也是社会学中一个重要的理论框架,它关注个体与社会环境之间的相互作用和影响。在思想政治教育中,社会互动理论有助于教师分析学生与社会环境之间的交互作用,如家庭、高校、同辈群体等如何影响学生的思想观念和行为习惯。通过社会互动理论的视角,教师可以更好地理解学生的社会行为和心理机制,制定更加有效的教育干预措施。

政治学作为研究政治现象、政治行为和政治制度的学科,其理论也为高校思想政治教育提供了重要的理论支撑。政治学中的权力理论、民主理论等有助于教师深入理解政治现象对学生思想观念的影响,以及如何通过思想政治教育培养学生的公民意识和政治素养。在思想政治教育中,教师需要关注政治环境的变化,如国家政策的调整、社会政治运动的兴起等,以及这些变化如何影响学生的政治态度和行为选择。通过政治学理论的指导,教师可以更加准确地把握学生的政治心理特征,制定更具前瞻性的教育策略。

第二节　高校思想政治教育的目标设置

"思政教育是高校教育体系的重要组成部分"❶，在进行思想政治教育之前，教师需要对学生未来在道德素质、思想、政治素养等方面的发展进行预估，以期望获得的教育效果为基础设定教育目标。学生的收获和感受是思想政治教育的效果和价值的评判标准。思想政治教育的教育结果可作为指导和调控教学方法、内容等的标准，以确保教育过程的有效性和尽可能符合预期的教育目标。

一、高校思想政治教育目标设置的要求

（一）符合社会协调发展的需要

人的本质是一切社会关系的总和，这意味着离开社会，个体无法得到发展。在社会中存在着具体的人，而抽象的人只是理论上的概念。思想政治教育作为社会实践活动的重要组成部分，与社会发展息息相关，它塑造个体思想品质，影响社会进步。确立思想政治教育目标时，必须兼顾社会发展的协调性，尤其需要考虑目标是否有助于促进社会生产力的提升。中国共产党在设定中心任务和奋斗目标时，一贯考虑思想政治教育与

---

❶ 亢必胜，郭朋朋，宋佳宝. 浅谈高校思政教育［J］. 科教导刊-电子版（中旬），2017（29）：61.

社会发展的紧密联系,这是为了确保党在引领社会进步的过程中始终朝着正确的方向前进。这种关注也体现了党对于个体和社会关系之间相互作用的深刻认识,强调了思想政治教育在构建和谐社会、实现全面发展目标中的不可或缺性。

各校在设定思想政治教育目标时,需紧密结合实际情况,满足学生现实需求。面对新问题和挑战,应积极超越现实,探索未来发展方向。目标设定需注重科学性和实效性,确保教育有效和建设性。思想政治教育应以追求未来、超越现实为目标,为教育改进和学生全面发展提供指导。

(二) 符合教育整体性与层次性

在设定学生思想政治教学目标时,需要综合考虑人、社会和国家等各方面的需求,涵盖世界观、人生观、价值观、人文素养、基本道德、科学精神、爱国精神等方面。这要求目标体系具有协调性和整体性,以满足多方面的要求。目标体系还应具备层次性,逐渐加深难度,引导学生逐步实现个人成长。这种层次性的目标设定有助于坚定学生的理想和信念,使他们在思想政治教育中逐步成长、发展。设定合适的目标体系是推动学生思想政治教育有效开展的关键,还能够促进学生全面发展,增强其社会责任感和国家认同感。

(三) 符合学生自身发展的需要

思想政治教育在学生培养和塑造中发挥着十分重要的作用,而其发挥作用的关键在于教学目标与学生需求的关联,只有符合学生需求的教学目标才能促进学生实现和谐发展。在设定教学目标时，需要分析学生的特点和需求，并考虑现实社会情况，以确保教育目标的可行性。思想政治教育的实践指导意义在于考虑学生作为主体的需求，如此才能对学生在现实生活中的实践具有指导性意义。因此，应重视思想政治教育目标设定的质量及思想政治教育目标与学生需求的紧密关联，设置合适则有助于确保教育活动对学生的有效指导，促进其在现实生活中的全面发展。

思想政治教育的目标设定应当以学生的利益为出发点和落脚点，确保全面、细致地满足学生在工作、学习和生活等多方面的合理需求。这意味着，在教育过程中，思政课教师要密切关注学生的实际状况、倾听他们的声音、理解他们的期望与困惑，以此为基础设定和调整教育目标。

同时，思想政治教育应致力于促进学生在实践中积极运用所学知识，将理论与实际紧密结合，不仅让学生掌握理论知识，更要培养他们运用这些知识解决实际问题的能力。通过实践，学生可以更加深刻地理解理论，提升综合素质，为未来的工作和生活打下坚实的基础。

二、高校思想政治教育目标设置的内容

（一）培养社会主义建设者

1. 培养学生社会责任感

社会责任感是社会主义建设者不可或缺的素质，它揭示了

个体与社会之间的紧密联系。作为一种道德情感，社会责任感要求社会主义建设者在面对国家、集体和他人时承担起应有的责任。在社会与个人的关系中，彼此相辅相成，人无法脱离社会，而社会也由人组成，体现了彼此间关系的紧密性。社会责任感不仅是个体现代道德的表现，更是推动共同利益实现和社会发展的道德取向。这一理念凸显了个体与社会相互依存的实质，彰显了个人在社会中的重要性，为构建和谐稳定的社会关系提供了根本保障。

在教学实践中，教师需遵循多项原则：①引导学生正确处理个人、集体和国家的关系，培养他们正确的价值观念，将国家和民族的利益置于首要位置，从而实现个人与国家的统一发展。②重视学生的奉献精神，教育他们以大局为重，将集体利益置于首位。③教师要培养学生的集体主义观念，教导他们根据社会需求调整自己的行为和态度，发挥集体的力量，助力个人事业的成功。④教师还应注重培养学生勤奋好学、爱岗敬业的精神，促进他们在学业和工作中不断进步和成长。⑤教师应重视培养学生的诚信、团结等品德，教育他们树立公平、诚信、友善、热爱集体的行为准则，以促进社会和谐稳定地发展。

在大学教育中，教师的任务不仅是传授知识，还包括培养学生的社会责任感和公民意识，这需要关注四个方面：①强调学生的主人翁意识，让他们明白权利与义务之间的密切关系，懂得自觉履行义务、享受权利的重要性；②教育学生理解责任等同于义务，鼓励他们为国家利益而努力，从而树立起坚定的国家意识和责任感；③引导学生理解民主与法治的关系，教育他们尊重法律、维护合法权益，促使他们成为守法公民；④增强学生的参与感，鼓励他们积极参与社会建设，培养他们对社会的责任感和使命感，使他们成为具有社会责任感的公民，为社会进步和发展作出贡献。

教师应充分利用自身的资源和影响力，引导大学生意识到个人的社会责任。这种责任不仅来源于社会的期望，也是时代赋予的使命。大学生是否具备社会责任感，直接关系到国家和民族的兴衰成败。教师在引导学生认识到社会责任时，应强调这种责任的重要性，它不仅关乎个人的成长，更关系到整个国家和民族的未来。社会责任感作为社会主义建设者应具备的核心素质，是社会主义事业顺利推进的重要保证，它不仅有助于实现个人价值，更是促进社会和谐发展的基础，为实现中华民族伟大复兴的中国梦贡献力量。因此，培养学生的社会责任感是一项长远而紧迫的任务，教师应不断探索和实践新的教育方法，以切实有效地提高学生的社会责任感，促进社会的全面进步。

在课程设置方面，为了有效培养学生的社会责任感，高校需构建一套全面、系统的课程体系。这一体系不仅应涵盖传统的思想政治理论课，还应融入伦理学、社会学、公共政策分析等多学科内容，以拓宽学生的知识视野，深化他们对社会责任的理解。通过这样的课程设计，学生能够从不同角度审视社会问题，形成更为全面和深刻的社会责任感。课程设置中应特别强调实践环节，如增设社会服务学习、公益项目策划与执行等课程，让学生在实际操作中体验和践行社会责任。这些课程能够使学生将理论知识转化为实际行动,通过解决实际问题增强他们的社会责任感和实践能力。

在培养学生社会责任感教育中,引入案例教学是一种有效的方法。通过分析真实的社会案例,特别是那些涉及社会责任和公民行为的案例,可以引导学生深入思考个人行为与社会责任之间的联系。案例教学不仅能增强课程的吸引力和实效性,还能促使学生在讨论和反思中形成和强化社会责任感。在教学方法上,高校还应充分利用现代信息技术,如在线课程、虚拟仿真实验、社交媒体平台等,拓宽教学渠道,丰富教学资源。通过这些技术手段,可以为学生提供更多接触社会、了解社会问题的窗口,同时也为他们提供表达观点、参与社会议题的平台,从而进一步增强其社会责任感。

2. 培养学生创新性思维

社会主义建设者需要具备创新思维、创新精神和创新能力,这在知识经济时代尤为必要。现代社会主义建设者除了传统技能外,还应具备创新能力,以应对新的挑战和机遇。

在中国转型时期,科技创新的重要性越发凸显,直接关系到国家的发展主动权。高校作为人才培养的核心基地,肩负着培养创新人才的重要责任。创新能力不仅对国家发展至关重要,也是大学生个人成才不可或缺的条件。当代大学生是否具备创新思维、能力和意识,直接决定着他们是否能够成为合格的社会主义建设者。创新在培育未来社会主义事业的建设者中扮演着不可或缺的角色,为国家的繁荣和进步注入了源源不断的活力。培养学生的创新性思维，可以从以下四个角度进行。

（1）培养想象力。增强学生想象力的一种方法是创新思维模式，包括运用形象、联想、灵感、模糊、回溯、逆向、发散、聚焦、相似剩余等方法。这些方法能够激发个体的创造性思维，促进新颖想法的涌现，促进创新的发展。

（2）鼓励学生积极参与创新实践，促进实践能力和创新思维的培养。鼓励学生持之以恒，注重专业知识的学习。倡导学生积极参与课外调研，扩展知识面，培养自我创新意识。

（3）在培养想象力方面，教师应帮助学生跳出现实限制，拓展思维领域。想象力不仅让人能在心灵中塑造新形象，更能指引思维探索未来。为了激发学生的想象力，教师需尊重其个性、丰富其生活经历，创造多样的学习环境。这种方法能够唤起学生内在的创造力，鼓励其勇于探索、尝试，培养出具备创新精神的新一代。

（4）培养创新意识需要学生拥有创新精神。这种精神涵盖了敢于思考、动手、想象、创新、标新立异的勇气。学生还应当具备明确的目标、坚定的意志及正确应对困难的态度。

（二）促进学生全面发展

"培养社会所需要的人才是所有高校的教育目标，而做好对学生的思想政治教育工作是其中非常关键的一环。"[1] 思想政治教育目标体现为德、智、体、美的全面发展，因此应通过德、

---

[1] 杨婷. 以红色文化为引领，做好高校思政教育 [J]. 教育艺术，2023（4）：8.

智、体、美教育实现学生全面成长。

1. 德育

德是学生全面发展中不可或缺的组成部分，包括道德、品德、世界观、人生观、价值观等，教师需有目的、有计划、有步骤地组织活动。学生通过积极认识和实践，形成满足社会需求的道德品质。优良的品质符合社会发展方向，保障个人身心发展，促进智力和心理承受力的提升。德育的优势如下。

（1）德育的实施可以激发学生的爱国情怀，树立起民族自尊与自信，培养他们维护国家荣誉和民族团结的意识。教师致力于培养学生全心全意为人民服务的思想，使其深刻理解服务人民的重要性。德育旨在塑造学生正确的世界观，使其形成独立的方法论，深入了解国家的政治、经济和文化。教师努力培养学生的法治观念，教导他们遵纪守法，自觉履行各项义务，以建设一个和谐、法治的社会。

（2）德育在培养个性品质和能力方面发挥着重要作用，引导学生树立开拓、平等、团结、创新等与社会发展相契合的理念。通过德育，学生获得分析社会现象、判断事物性质、处理社会问题的能力。德育帮助学生养成自律、自强的品质，以积极、健康的心态对待事物。学生内心深处满怀成就感和荣誉感，拥有强大的心理承受能力，能够迅速适应困难和失败的挑战。

（3）德育教育有助于学生深入理解个人与集体、社会、国家和民族之间的关系，培养他们强烈的集体意识和责任感。通过德育教育，学生能够学会遵纪守法、热爱劳动。德育不仅关注个人品德的培养，还要求学生诚实守信、勤劳谦虚、乐于助人、尊重他人和礼貌待人。学生要学会抵制不良社会风气，严格遵守高校规章制度，以全面提升自己的道德素质和文明习惯。

2. 智育

智力和才智指的是向学生传授文化知识和技能，教师采用有目的、有计划、有组织的方法进行传授。在社会实践中，智慧是支持学生完成实践任务的关键。

（1）在系统科学知识方面，一个能够满足社会需求的学生需具备合理而全面的知识结构。他们应有深厚的专业知识储备，这是其学术和职业发展的基础。在此基础上，还需拥有广博的知识面补充和拓展专业知识，包括人文社会科学知识、自然科学知识及其他领域的专业知识。

人文社会科学知识涵盖多个学科的理论与方法，如哲学、经济学、政治学、法学、文艺学和伦理学等。这些学科不仅提供了广泛的视野，还增强了学生的理解力和分析能力，使他们能够从多角度看待和解决问题。通过学习这些学科，学生能够培养批判性思维、提升道德修养，并在社会交往中展现出更高的文化素质和道德风范。

自然科学知识则涉及与自然界物质形态相关的结构、性质和规律等，是对自然界经验的总结和提炼。这些知识帮助学生理解和应对自然现象，使他们具备科学的思维方式和解决实际问题的能力。例如，物理、化学、生物等学科的知识可以帮助学生理解环境问题、能源利用及生命现象等。

专业知识指的是从事某些专业所必需的理论和知识，学生应不断深化和拓展自己的专业领域，掌握最新的研究成果和应用技能，这不仅使他们在专业领域内具有竞争力，还能更好地将所学知识应用于实际问题的解决中。专业知识的学习不仅包括课堂上的理论学习，还应结合实践中的应用，做到理论与实践相结合。

此外，学生应不断拓展自己的知识领域，提高自身的人文素质和科学素质，才能更好地适应不断变化的社会需求。广泛的知识储备和深厚的专业技能使他们能够在各种复杂的社会和职业环境中游刃有余。通过学习和实践的结合，学生可以培养出适应社会多样化需求的能力，增强自身的就业竞争力和社会适应力。

（2）在发展智力方面，学生需具备良好的观察能力、想象能力、形象思维能力和创造能力，并提高自学能力和问题解决能力。学生应拓宽视野，发挥志趣和特长，培养实事求是、独立思考的科学态度，激发不断追求新知识的精神，从而全面提升综合素质。

3. 体育

学生的全面发展是多维度的，其中身体素质教育无疑占据着举足轻重的地位。健康的身体不仅是学生全面发展的坚实基础，更是其智力发展的必要前提。拥有强健体魄的学生能够更充分地调动自身的生理和心理潜能，以更加饱满的精神状态投入学习和生活中，从而在各方面取得更为显著的进步。

(1)为确保学生拥有良好的身体素质,教师需要有意识地引导他们实现身体机能的正常发展。这需要有计划地组织身体素质培养活动,有目的地指导学生采用多种方式方法来实现这一目标,以支持他们的生产和生活活动。学生需要具备基本的体育锻炼技能,包括掌握体育锻炼的方法、技巧和技能。教师应该培养学生形成自觉锻炼的习惯,将体育锻炼融入日常生活之中,使其受益终身。

(2)学生需要充实的保健知识,以培养良好的卫生习惯。这包括对身体健康的基本了解,以及预防疾病和保持良好生活方式所需的信息。充足的保健知识有助于学生建立起对自身健康的自觉性和责任感,也对学生自身的全面发展至关重要,包括定期的个人卫生习惯,如刷牙、洗手,以及培养良好的饮食和睡眠习惯。通过养成这些良好的生活习惯,学生能够提高身体免疫力,减少疾病的发生,并提高学习和生活的质量。

4. 美育

美作为一种审美观,对学生的全面发展至关重要。教师通过审美教育帮助学生理解、欣赏、创造美,培养其欣赏美的能力。通过这样的教育,学生能更好地面对生活中的各种艺术和美的事物,提升审美素养,促进自身全面发展。

(1)学生审美能力的提升依赖于对各种艺术基础知识的掌握,这有助于他们正确理解和欣赏美,使他们能够自主地对美的事物展开分析与评价。艺术知识的丰富可以进一步增强学生对美的认知能力。学生强烈的艺术兴趣也对美的认知能力产生积极影响,加深他们对艺术的理解和欣赏。

(2)在审美实践中,学生不仅要培养欣赏美的兴趣和理解能力,还要具备创造美的能力与兴趣。他们应该养成保持环境整洁、清洁、美化的良好习惯。通过在学习中感知美、在生活中创造美,学生能够勇于用各种艺术形式表达美。他们应形成健康的兴趣和爱好,利用美观察和建设生活,追求心灵、语言和行为上的美,以培养高尚的情操和健康的人格。

在学生的全面发展中,德智体美各方面都扮演着重要的角色。德作为思想基础,引导学生的成长与发展。智提供科学知识与智力基础,促进学生的综合发展。良好的身体素质为全面发展提供了物质基础,是生理保证。美不仅在外在美学方面推动学生发展,更在内在心理层面发挥作用。思想政治教育的目标在于通过德智体美的培养,塑造德智体美全面发展的新时代人才,以满足社会的需求。这些方面共同构成了学生全面发展的基础与保障,为其未来的成功奠定了坚实的基础。

5. 劳育

高校思想政治教育在目标设置中应高度重视劳育,即劳动教育。这一教育方向旨在通过系统化的劳动教育课程和实践活动,培养学生养成正确的劳动观念和良好的劳动习惯,全面提升其综合素质,为社会主义建设培养德智体美劳全面发展的高素质人才。

(1)劳动教育是培养学生实践能力的重要途径。在高校思想政治教育中,通过组织学生参与各种形式的劳动实践,如校园服务、社区志愿活动和实习实践等，可以有效提升学生的动手能力和解决实际问题的能力。这种实践不仅有助于学生理论联系实际，更能提高他们面对复杂社会现实的适应能力和创新能力。

（2）劳动教育是培育学生责任感和团队合作精神的重要手段。通过集体劳动和合作项目，学生可以学会在团队中分工协作，增强彼此之间的沟通和理解。这种经历不仅培养了学生的合作意识，还能增强他们的责任感，使其在未来的工作和生活中能够更好地承担社会责任，贡献集体力量。

（3）劳动教育能够促进学生树立正确的价值观和人生观。通过劳动教育，学生能够深刻理解劳动的价值和意义，摒弃"重智轻劳"的错误观念，树立"劳动光荣、创造伟大"的思想。这有助于他们形成正确的职业观和人生目标，激励他们在未来的职业生涯中脚踏实地、勤奋工作，为社会的发展和进步贡献自己的力量。

（4）劳动教育还具有重要的思想政治教育功能。在劳动过程中，学生不仅可以锻炼身体、磨炼意志，还能感受集体的力量和团结的精神，增强对社会主义核心价值观的认同。通过劳动教育，学生能够更加深刻地理解和实践社会主义核心价值观，增强对中国特色社会主义事业的信心和热情。

劳动教育是全面发展教育体系的重要组成部分。高校思想政治教育应在德育、智育、体育、美育的基础上，充分融入劳育，形成"五育"并举的教育体系。只有全面的教育才能培养出适应新时代要求的全面发展的高素质人才。劳动教育作为其中的重要一环，不仅有助于学生综合素质的提升，更能促进其全面健康发展。

第三节　高校思想政治教育的内容拓展

一、科学家精神

(一) 科学家精神的内容组成

"科学家精神根源于马克思主义科学技术观，生成于科学家爱国奋进的历史征程，凝练了广大科技工作者的实践成果，继承中华文化的美好品格与优秀内涵。"[1]科学家精神是一种崇高的精神品质，它涵盖了多个方面，构成了科学家在探索未知、追求真理过程中的核心价值观。科学家精神主要体现在以下六个方面。

第一，爱国精神是科学家精神的重要组成部分。科学家深知科学技术对于国家发展的重要性，因此他们怀揣着对祖国的深厚感情，致力于将自己的研究成果应用于国家的建设与发展之中。他们愿意为了国家的繁荣富强而努力奋斗，这种爱国精神是科学家在科研道路上不断前行的强大动力。

第二，创新精神是科学家精神的灵魂。科学家不满足于现

---

[1] 周梦云，张冰清. 新时代科学家精神融入思想政治教育研究 [J]. 教育探索，2023（4）：57.

有的知识和技术，他们勇于挑战传统观念，敢于提出新的理论和见解。通过不断地创新，科学家推动了科学技术的进步，为人类社会带来了翻天覆地的变化。这种创新精神激励着科学家在未知领域不断探索，寻求新的突破。

第三，求实精神是科学家进行科研工作的基础。科学家以严谨的态度对待科学研究，他们追求客观真理，不受任何主观偏见的影响。在实验过程中，他们严格遵守科学方法和程序，确保实验结果的准确性和可靠性。这种求实精神是科学家取得重大科研成果的保障。

第四，奉献精神是科学家精神的重要体现。科学家为了科研事业，常常需要牺牲个人的时间和利益。他们不辞辛劳地进行实验研究，甚至冒着生命危险去探索未知领域。这种奉献精神彰显了科学家对科研事业的热爱和执着追求。

第五，协同精神是科学家在科研过程中不可或缺的品质。科研往往需要团队合作，共同攻克难题。科学家懂得相互尊重、信任和支持，他们愿意与他人分享知识和经验，共同推动科研工作的进展。这种协同精神促进了科学技术的交流与合作，为科研事业的发展注入了活力。

第六，育人精神是科学家传承知识、培养后备人才的重要使命。科学家不仅关注自己的研究成果，还致力于培养年青一代的科研人才。他们通过言传身教，将自己的知识和经验传授给学生和年轻科研人员，为科研事业的持续发展提供了源源不断的人才支持。这种育人精神体现了科学家对科研事业长远发展的深思熟虑和责任感。

（二）科学家精神融入高校思想政治教育的价值

科学家精神作为一种崇高的精神品质，其深厚的内涵不仅对于科学家群体有着深远的影响，更在思想政治教育中展现出无可替代的价值。"把科学家精神教育纳入思想政治教育领域是落实立德树人总任务的需要，符合时代要求。"❶

第一，传播弘扬科学家精神。科学家精神是人类文明宝库中的璀璨明珠，它蕴含着爱国、创新、求实、奉献、协同和育人的丰富内涵。将这些精神品质融入思想政治教育，实质上是在年青一代中播种下崇尚科学、追求真理的种子。通过讲述科学家的奋斗故事，展现他们在科研道路上表现出的爱国情怀、创新精神、求实态度、无私奉献、协同合作及育人担当，可以极大地激发学生的科学热情，引导他们以科学家为榜样，积极投身科学探索与实践中。在这一过程中，学生不仅能够更加深刻地理解科学家精神的真谛，更能在潜移默化中将这种精神内化为自身的价值观和行为准则。这对于培养学生的科学素养，提高他们的创新能力，以及塑造他们成为具有社会责任感的新时代青年具有深远的意义。同时，科学家精神的传播与弘扬也是对社会正能量的传递，有助于营造崇尚科学、尊重知识、鼓励创新的社会氛围。

第二，优化学生素质结构。将科学家精神融入思想政治教育，不仅有助于提升学生的思想道德水平，更能有效优化他们

---

❶ 王艺霖. 浅谈科学家精神融入思想政治教育的路径研究［J］. 哈尔滨职业技术学院学报，2023（1）：115.

的素质结构。科学家精神蕴含的诸多品质，如坚韧不拔的毅力、严谨求实的态度、勇于创新的精神等，都是学生在成长过程中需要汲取的宝贵财富。通过学习和领悟科学家精神，学生可以逐渐培养独立思考、敢于质疑、勇于探索的科学素养。这种素养不仅能够帮助他们在学术上取得更好的成绩，更能让他们在未来的职业生涯中具备更强的竞争力和适应能力。同时，科学家精神中的奉献精神、协同精神等品质，也有助于培养学生的团队合作精神和社会责任感，使他们在面对困难和挑战时能够保持积极向上的态度，勇于担当，为社会作出更大的贡献。

第三，加快建设世界科技强国。科学家精神是国家科技发展的重要支撑，将这种精神融入思想政治教育，对于培养未来科技人才、加快建设世界科技强国具有至关重要的作用。通过向学生传授科学家精神，可以激发他们的科技梦想和创新激情，引导他们积极投身科技事业，为国家的科技进步贡献力量。

第四，科学家精神的传承和弘扬也有助于营造尊重科学、崇尚创新的良好社会氛围。这种氛围的营造对于吸引更多年轻人投身科技领域、推动科技创新成果的涌现具有重要意义。当年青一代普遍具备科学家精神时，他们将更加勇于探索未知领域、更加注重团队协作和创新实践，从而推动整个国家的科技水平不断向前发展。

（三）科学家精神融入高校思想政治教育的功能

科学家精神作为一种独特的精神财富，其深厚的内涵和崇高品质不仅在科学界备受推崇，更在思想政治教育领域中展现出独特的功能和价值。将科学家精神融入思想政治教育，不仅丰富了教育内容，还为学生提供了更为广阔的精神视野和人生指导。

1. 政治导向

高校思想政治教育本身就是具有强烈政治性和引导性的教育活动，它不仅传授理论知识，还塑造学生的政治观念、价值观念及世界观。科学家精神作为一种积极向上、追求卓越的精神力量，同样蕴含着鲜明的政治性和导向性。将科学家精神深度融入高校思想政治教育中，无疑可以进一步强化和深化教育的政治导向功能。

具体而言，思政课教师通过系统讲述科学家在科研道路上如何坚持国家利益至上、如何全心全意服务人民、如何矢志不渝报效祖国的感人事迹和崇高精神，可以更为有效地引导学生树立正确的政治方向和世界观。科学家对科学的无限热爱、对探索未知的执着追求、对祖国的深厚感情，都是无比宝贵的精神财富。这些精神财富能够深深触动学生的心灵，激发他们的爱国热情，增强他们的民族自豪感和历史使命感。这种政治导向功能，其深远意义不仅在于帮助学生形成坚定的政治信仰，更在于促使他们积极投身到国家的建设和发展中去。学生在感受到科学家精神的伟大之处后，会更加明白自己作为新时代青年的责任和使命，从而更加自觉地将个人的理想追求融入国家和民族的发展大局中去，为实现中华民族伟大复兴的中国梦贡献自己的力量。

2. 人格塑造

科学家精神在高校思想政治教育中的人格塑造功能主要体现在以下三个方面。

（1）科学家精神在塑造学生优秀的性情品格方面发挥着至关重要的作用。科学家在面对科研道路上的重重困难和挑战时，所展现出的坚韧不拔、勇往直前的精神风貌，无疑为学生树立了一个光辉的榜样。这种精神力量对于培养学生的意志力、抗压能力和逆境适应能力具有不可估量的价值。通过学习科学家的奋斗历程和成功经验，学生可以深刻体会到成功背后的艰辛与付出，从而逐渐培养出积极向上、勇于进取、不畏艰难的性情品格。

（2）科学家精神在树立学生积极的人生态度方面同样具有不可替代的作用。科学家在科研道路上所追求的真理、创新和进步，不仅是科学探索的目标，更是积极人生态度的生动体现。将这种精神融入思想政治教育中，可以引导学生以更加积极、乐观的心态面对生活中的各种挑战和困难。学生学会从困境中寻找机遇、从失败中汲取教训，从而培养出一种健康向上、充满正能量的人生态度。

（3）科学家精神在培养学生良好的行为习惯方面也发挥着举足轻重的作用。科学家在科研活动中遵循的严谨、细致、求真的工作作风，是他们取得卓越成就的重要基石。这些行为习惯对于学生来说同样至关重要。通过学习和模仿科学家的行为方式和工作态度，学生可以逐渐培养出严谨认真、勤奋刻苦、精益求精的行为习惯。这些良好的行为习惯不仅有助于他们在学术上取得更好的成绩,更能为他们未来的职业生涯和个人发展打下坚实的基础。

3. 实践指导

科学家精神融入高校思想政治教育,不仅具有理论教育意义,更在实践层面展现出强大的指导功能。科学家精神作为一种源于实践,又指导实践的精神力量,为学生提供了实实在在的行动指南。科学家精神的核心是探索与创新,这种精神鼓励学生勇于尝试、不怕失败,敢于挑战未知。在科学研究的道路上,科学家经常面对各种困难和挑战,但他们凭借坚韧不拔的毅力和对科学的无限热爱,不断推动着科学的进步。将这种精神融入思想政治教育重,能够激励学生在面对学习、生活中的困难时,同样保持积极向上的态度,勇于实践,不断探索。

此外,科学家精神还强调实证与求真。科学家在研究过程中,始终秉持严谨的科学态度,追求真实、准确的数据和结论。这种求真务实的精神,对于指导学生进行社会实践、开展实验研究等方面具有重要意义。它告诫学生,无论是学习还是未来的工作,都要以事实为依据,以数据说话,不虚构、不夸大,保持诚实的科学态度。

科学家精神中的团队协作精神也是实践指导的重要组成部分。科学研究往往需要团队合作,共同攻克难题。这种团队协作精神能够指导学生学会与他人合作,发挥集体智慧,共同解决问题。在团队合作中,学生不仅可以提升自己的沟通能力和协作能力,还能培养大局意识和集体荣誉感。

科学家精神中的创新精神是推动社会进步的重要动力,将这种创新精神融入思想政治教育,可以激发学生的创造力和想象力,培养他们敢于突破常规、勇于创新的思维方式。这对于学生未来的职业发展和社会贡献具有重要意义。

(四) 科学家精神融入高校思想政治教育的理念

1. 一元主导

科学家精神融入思想政治教育的一元主导理念,其核心在于坚持马克思主义的主导地位。这一理念强调,在将科学家精神融入思想政治教育的过程中,必须以马克思主义为指导思想,确保整个教育活动的正确方向。马克思主义是我们认识世界、改造世界的强大思想武器,它提供了科学的世界观和方法论。在科学家精神教育中,要坚持马克思主义的立场、观点和方法,引导学生正确理解和评价科学家的精神品质,激发他们的科学兴趣和探索精神。坚持一元主导理念能够确保科学家精神教育的正确性和有效性,帮助学生在思想上与科学家精神产生共鸣,进而培养他们的科学素养和创新能力。

具体来说,在教育实践中,应该通过讲解马克思主义关于科学、科学家和科学精神的理论,引导学生深入理解科学家精神的内涵和价值。同时,高校还可以结合科学家的实际案例,让学生感受到科学家在探索未知、追求真理的过程所展现出的勇气和毅力。这样,学生不仅能够从理论上认识到科学家精神的重要性,还能从实践中体会到这种精神的伟大力量。

2. 人民至上

人民至上理念在科学家精神融入思想政治教育中具有举足轻重的地位。科学家作为国家的栋梁,他们的卓越贡献和爱国精神与人民至上理念息息相关。这一理念鼓励学生深刻理解并践行"为人民服务"的宗旨,将个人发展与国家前途紧密相连。

在教育过程中,应当着重强调科学家的爱国情怀和服务人民的精神。通过讲述科学家如何胸怀祖国、服务人民的故事,激发学生对国家和人民的责任感。高校还应引导学生意识到,作为未来的科学家和研究者,他们的使命不仅在于追求科学真理,更在于将科学成果应用于社会实践,服务于人民。

遵循人民至上理念,要教导学生始终把人民放在心中最高的位置,从人民的需求出发,研究能够解决实际问题、提高人民生活质量的科学技术。这样,学生在未来的科学研究中,不仅能够追求学术上的成就,更能实现个人价值与社会价值的统一。

3. 改革创新

在科学家精神融入思想政治教育的过程中,改革创新理念是推动力,是激励学生不断探索、勇于突破的核心力量。这一理念的贯彻要求我们立足科学家精神,紧密结合新时代的发展需求,不断创新教育内容、方法和载体。

具体来说,通过引入科学家的创新案例,让学生深刻体会到科学研究的创新性和探索性。同时，高校还应鼓励学生培养独立思考、勇于挑战的精神，激发他们的创新潜能。在教育实践中，可以组织科学创新活动，提供实验和研究机会，让学生在亲身实践中感受科学的魅力，挖掘自己的科学潜力。

此外，还应注重培养学生的跨学科思维和国际视野，使他们能够适应科技快速发展的新时代。高校通过不断创新教育内容和方法，引导学生深入理解科学家精神，培养他们的科学素养和创新能力，为建设中国特色社会主义和世界科技强国贡献力量。

4. 协同育人

协同育人理念在科学家精神融入思想政治教育中发挥着关键作用。这一理念强调高校、家庭和社会的共同参与，形成教育合力，以更有效地培养学生的科学家精神。

高校作为教育的主阵地，应承担起科学家精神教育的主要责任。通过课堂教学、实践活动等多种形式，向学生传授科学家精神的核心价值。同时，高校还应积极与家长、社会机构等沟通合作，共同营造良好的教育环境。

家庭在协同育人中也扮演着重要角色。家长应关注孩子的兴趣和发展，鼓励他们探索科学领域，培养他们的好奇心和求知欲。通过与高校的密切配合，家长可以及时了解孩子的学习情况，为他们提供必要的支持和鼓励。

社会则应为学生提供更广阔的实践平台。企业、科研机构等可以为学生提供实习、实践机会，让他们在实际工作中体验科学家精神,提升自己的科学素养。

二、网络道德教育

(一) 网络道德教育的内容

网络道德教育是现代教育体系中的一个重要组成部分,其内涵丰富,涵盖了多方面的内容。网络道德教育不仅是道德教育在网络空间的延伸,还是新时代背景下思想政治教育的新实践。

随着互联网的普及,网络已经成为人们日常生活中不可或缺的一部分,网络道德教育的任务就是帮助学生正确使用网络,自觉遵守网络道德规范,营造健康、文明、有序的网络环境。

网络道德教育的内容主要包括以下方面。

第一,网络伦理教育。网络伦理教育是网络道德教育的核心内容,包括网络言论自由与责任、网络隐私保护、网络交往礼仪等。通过网络伦理教育引导学生在网络空间中遵守基本的道德准则,做到尊重他人、礼貌交流、诚实守信。

第二,网络安全教育。网络安全教育旨在增强学生的网络安全意识和防范能力,主要包括个人信息保护、网络病毒防护等内容。通过网络安全教育使学生掌握基本的网络安全技能,能够有效应对网络风险,保护自身利益。

第三,网络法律教育。网络法律教育是网络道德教育的重要组成,主要包括网络版权保护、网络犯罪预防、网络合同履行等内容。通过网络法律教育使学生了解网络行为的法律后果,自觉遵守网络法律法规,依法维护自身权益。

(二) 思想政治教育与网络道德教育的联系

随着信息技术的快速发展,互联网已经渗透到学生的日常生活中,成为他们获取信息、交流思想、娱乐休闲的重要渠道。在这种新形势下,思想政治教育与网络道德教育的内在联系日益凸显。

1. 思想政治教育是网络道德教育的基础

思想政治教育作为培养学生思想品德的重要手段,是网络道德教育的基础和前提。

(1) 思想政治教育通过系统的理论教育和实践活动,帮助学生树立正确的世界观、人生观和价值观。这些正确的思想观念为学生在网络世界中的行为规范提供了指导,成为他们辨别网络信息真伪、抵制网络不良诱惑的重要依据。

(2) 思想政治教育强调的爱国主义、集体主义、社会主义核心价值观等内容,能够在网络道德教育中发挥积极作用,引导学生在网络空间中践行社会主义核心价值观,传播正能量,树立良好的网络形象。

(3) 思想政治教育为网络道德教育提供了必要的理论支持。网络道德教育涉及的内容广泛,包括网络言论自由与责任、网络隐私保护、网络欺凌与防范等,这些都需要在思想政治教育的框架内加以规范和引导。通过思想政治教育,学生能够更好地理解网络道德的内涵,认识到网络行为的社会影响,从而自觉地在网络上遵守道德规范,维护网络秩序。

2. 网络道德教育是思想政治教育的新探索

网络道德教育作为思想政治教育的新领域,是对传统思想政治教育的一种拓展和延伸。随着网络技术的迅猛发展,学生的学习和生活方式发生了巨大变化,网络已经成为他们获取信息和交流思想的重要平台。在这种新形势下,思想政治教育必须积极探索和实践网络道德教育,以适应时代发展的需要。

(1) 网络道德教育需要在思想政治教育的基础上,结合网络时代的特点,制定科学合理的教育内容和方法。例如,针对网络信息复杂多变的特点,网络道德教育需要加强学生网络信息辨别能力的培养,引导学生理性看待网络信息,不盲从、不轻信,增强他们的网络安全意识和防范能力。

(2) 网络道德教育需要在思想政治教育的基础上,利用网络技术和平台,开展丰富多样的教育活动。例如,通过网络课程、线上讨论、网络宣传等方式,增强教育的互动性和参与性,提高学生的学习兴趣和效果。

通过探索和实践网络道德教育,思想政治教育不仅能够更好地适应新时代的要求,提升教育的实效性和针对性,还能够为学生全面发展提供有力保障,促进他们在网络世界中的健康成长。

3. 网络道德教育丰富了思想政治教育内容

(1) 网络道德教育丰富了思想政治教育的理论内容。网络道德教育涉及网络伦理、网络法治、网络安全等多个方面，需要在思想政治教育的基础上进行深入研究和探讨，从而形成系统的理论体系。这不仅有助于提升思想政治教育的理论水平，也为学生提供了更加全面和系统的道德教育。

（2）网络道德教育丰富了思想政治教育的实践内容。网络道德教育需要通过具体的实践活动来实现，如网络文明宣传、网络安全教育、网络道德论坛等。这些实践活动不仅丰富了思想政治教育的形式和内容，也增强了学生的参与感和体验感，有助于提高教育的实际效果。

（3）网络道德教育丰富了思想政治教育的价值内涵。网络道德教育强调网络行为的道德规范，注重培养学生的网络道德素养和责任意识。这不仅有助于提升学生的道德水平，也有助于促进网络空间的和谐与稳定，为构建清朗的网络空间贡献力量。同时，网络道德教育也有助于培养学生的公民意识和社会责任感，促进他们成为有理想、有道德、有文化、有纪律的新时代青年。

（三）思想政治视域下网络道德教育的完善对策

1. 提升网络道德教育的主体意识与自律水平

"随着互联网的发展和影响力越来越大，大学生群体网络道德事件频发，大学生网络道德问题已经成为社会各界关注的热点，加强和改善网络道德教育已经是各大高校思想政治教师的一个重点方向。"❶ 提升网络道德教育的主体意识和自律水平，是加强网络道德教育的重要策略。这一对策的核心在于，通过增强学生的主观能动性和自我约束能力，使其在网络空间中自觉遵循道德规范，形成良好的网络道德风尚。

在信息化社会中，网络信息的纷繁复杂使得网络道德认知和辨识能力显得尤为重要。为了提升学生的这一能力，我们需要加强网络道德教育课程的设置，通过课堂教学、案例分析等多种方式，使学生对网络道德有更为深刻的理解。同时，还应鼓励学生积极参与网络道德讨论，通过思考和辩论，提高他们的道德辨识力。此外，高校可以定期举办网络安全知识竞赛等活动，以寓教于乐的方式，增强学生对网络道德规范的认知。

具体来说，学生需要学会如何识别网络上的虚假信息和有害内容，了解网络欺诈、网络暴力的危害，并掌握应对这些网络问题的策略。通过提升网络道德认知和辨识能力，学生将更加明智、安全地使用社交媒体和互联网资源。

2. 建立高校网络道德教育常态化体系

为了全面提升学生的网络道德素质，高校应当构建常态化、系统化的网络道德教育体系。这一体系应涵盖文化载体、活动载体和管理载体等层面，从而确保网络道德教育能够深入人心，真正转化为学生的自觉行为。

（1）文化载体。即需要加强网络道德教育平台建设。网络

---

❶ 赵子祥，黄雅琨. 思想政治教育视角下大网络道德教育探析［J］. 黑龙江教育学院学报，2018，37（4）：98.

道德教育平台是高校进行网络道德教育的重要阵地,通过建设专门的网络道德教育网站或 App,高校可以定期发布网络道德相关的知识、案例和分析,引导学生正确理解网络道德的内涵与重要性。同时,平台还可以设置互动环节,鼓励学生参与讨论,提出自己的观点和看法,增强他们的主体意识和参与感。此外,高校还可以利用校园文化墙、宣传栏等传统媒介,以及微信公众号、抖音等新媒体平台,多渠道、多角度地宣传网络道德知识,营造浓厚的网络道德教育氛围。通过这些文化载体的建设,高校能够有效地将网络道德教育融入学生的日常生活,使他们在潜移默化中提升网络道德素质。

(2)活动载体。构建活动载体能够为学生提供实践平台,有效提升其网络道德教育的行为能力。实践活动是提升网络道德教育行为能力的重要途径。高校可以定期组织网络道德主题班会、辩论赛、征文比赛等活动,让学生在参与中体验、感悟网络道德的重要性。同时,高校还可以鼓励学生参与网络安全知识竞赛、模拟网络道德冲突解决等活动,通过实战演练提升他们的网络道德判断和应对能力。此外,高校还可以利用寒暑假等时间,组织学生开展网络道德社会实践活动,如走访网络安全机构、参与网络文明志愿服务等。这些活动不仅能够让学生亲身体验网络道德的现实意义,还能够增强他们的社会责任感和使命感。

(3)管理载体。要确保网络道德教育的有效实施,必须建立一支高素质、专业化的网络道德教育工作队伍。高校应当选拔具有思想政治教育背景和网络技术知识的教师组建专门的网络道德教育团队。这个团队不仅要负责网络道德教育课程的开发和实施，还要对学生进行日常的网络道德教育和辅导。同时，高校还应当建立完善的网络道德教育管理机制，明确工作职责和考核标准，确保各项教育措施能够落到实处。此外，高校还可以通过定期的培训和学习，不断提升网络道德教育队伍的专业素养和工作能力，使他们能够更好地适应网络道德教育的新形势和新要求。

3. 形成网络道德教育外部环境的正合力

网络道德教育除了发挥高校思想政治教育的作用外，还需要国家进一步构建健全的网络道德法规、需要社会的进一步关注、需要家庭的进一步重视，共同构建良好的网络道德教育环境氛围，形成网络道德教育的正合力。

（1）完善国家对网络道德教育的法规和监管。国家在网络道德教育中扮演着举足轻重的角色。国家应制定和完善相关网络道德法规，明确网络行为的道德边界和法律责任。这不仅可以为学生提供一个清晰的道德准则，还能对违法行为进行有效制约。国家应加强对网络环境的监管，打击网络违法和不道德行为，净化网络空间，为学生营造一个健康、安全的网络环境。此外，国家还可以通过设立网络道德教育基金、推动网络道德教育研究项目等方式，鼓励和支持高校、社会机构等开展网络道德教育活动。

（2）加强社会对网络道德教育的关注和参与。社会环境对网络道德教育的影响不容忽视。社会各界应更加关注学生的网络道德问题，通过媒体报道、公益广告等形式，普及网络道德知识，增强学生的网络道德意识。同时，企业和机构也应承担起社会责任，规范自身网络行为，避免传播不良信息，为学生树立正面榜样。此外，社会各界还可以与高校合作，共同开展网络道德教育实践活动，如组织网络安全知识竞赛、网络道德主题演讲等，让学生在实践中提升网络道德素质。

（3）提升家庭对网络道德教育的意识和能力。家庭是学生成长的摇篮，也是网络道德教育的重要阵地。家长应提高对网络道德教育的重视程度，了解网络道德的基本知识，引导孩子正确使用网络，培养良好的网络行为习惯。同时，家长还应加强与孩子的沟通与交流，关注孩子的网络活动，及时发现和解决网络道德问题。此外，家长还可以与高校、社会机构等合作，共同参与网络道德教育活动，形成家校共育的良好氛围。

三、总体国家安全观教育

（一）总体国家安全观教育的相关内涵

国家安全是指一个国家处于没有危险的客观状态，即国家既没有外部的威胁和侵害，又没有内部的混乱和疾患的客观状态。

党的十八大以来，习近平总书记高度重视国家安全，于2014年4月15日在中央国家安全委员会第一次会议中指出，当前我国国家安全内涵和外延比历史上任何时候都要丰富，时空领域比历史上任何时候都要宽广，内外因素比历史上任何时候都要复杂,必须坚持总体国家安全观,以人民安全为宗旨,以政治安全为根本,以经济安全为基础,以军事、文化、社会安全为保障,以促进国际安全为依托,走出一条中国特色国家安全道路。❶首次提出总体国家安全观的概念,立意高远,内涵丰富,是指导新时代国家安全工作的强大思想武器。总体国家安全观是一个内涵丰富、兼容并包、不断革新的思想体系,是系统性、辩证性的国家安全理论。

大学生总体国家安全观教育属于思想政治教育的范围。它将视线聚焦在国家安全方面的教育上,解决大学生群体在国家安全意识方面出现的问题,是围绕大学生群体的个性和共性的、有针对性的思想政治教育。通过对大学生群体进行总体国家安全观知识讲授、技能培养及行为规范和塑造,从而使得他们对我国国家安全问题有着更加深刻的理解和正确的判断,并作出理性的行为,使其符合社会主义事业建设者和接班人的身份。

(二) 总体国家安全观教育的内容

1. 国家安全历史教育

国家安全历史教育是帮助学生了解和认知国家安全发展历程的重要途径。通过回顾历史,学生能够认识到国家安全问题的长期性、复杂性和严峻性,增强维护国家安全的历史使命感和责任感。

---

❶ 习近平. 坚持总体国家安全观 走中国特色国家安全道路 [N]. 人民日报, 2014-04-16 (01).

国家安全历史教育应包括国内外重大历史事件和安全战略的演变。首先，了解中国古代和近现代国家安全的基本情况和主要挑战，如长城的修建、抗日战争和解放战争中的安全问题等，通过这些历史事件，学生可以了解中国国家安全的悠久历史和重要经验。其次，国家安全历史教育还应关注中华人民共和国成立以来的国家安全发展历程，特别是改革开放以来在国家安全领域取得的成就和面临的挑战。最后，国家安全历史教育还应包括国际安全形势的发展和变化，特别是重要的国际安全事件和大国安全战略的演变。

2. 国家安全理论教育

国家安全理论教育是总体国家安全观教育的基础。它主要包括国家安全的基本概念、原则和理论体系，能帮助学生理解国家安全的重要性和复杂性。通过系统学习，学生能够掌握国家安全的定义、范围及其在国家治理中的地位和作用。

首先，国家安全理论教育不仅包括传统的军事安全和政治安全，还涵盖经济安全、文化安全、社会安全等多个领域。这种广泛的安全观念有助于学生全面认识国家安全的多维度和多层次特性。其次，国家安全理论教育还应涉及国家安全的基本原则，如国家主权原则、国家利益原则、人民安全原则和综合安全原则。这些原则构成了国家安全理论的核心，指导着国家安全工作的具体实践。最后，国家安全理论教育需要结合具体案例进行讲解，帮助学生将理论与实际相结合，提高他们分析和解决国家安全问题的能力。例如，可以通过讲解国内外重大安全事件，分析其成因、影响和应对措施，增强学生对国家安全的感性认识和理性思考。

3. 国家安全战略教育

国家安全战略教育是帮助学生了解国家安全总体布局和具体策略的重要内容。通过战略教育，学生可以系统掌握国家安全的战略思想和基本方针，增强战略思维和全局观念。

国家安全战略教育应包括国家安全战略的基本概念和主要内容。首先，了解国家安全战略的基本定义和内涵，明确国家安全战略是国家在维护国家安全过程中制定的总体方针和具体措施。通过这些讲解，学生可以了解国家安全战略的重要性和指导性作用。其次，国家安全战略教育还包括中国的国家安全战略和相关政策。例如，讲解中国的总体国家安全观，分析其内涵和特点，以及在实际工作中的具体应用。再次，讲解国家在不同领域的安全战略，如经济安全战略、科技安全战略、网络安全战略等，通过这些具体战略的讲解，学生可以全面了解国家安全工作的布局和重点。最后，国家安全战略教育还应关注国际安全战略的动向和发展。通过国际安全战略的分析，学生可以增强对国际安全环境的理解和把握，提高其战略思维能力。

4. 国家安全形势教育

国家安全形势教育是帮助学生了解当前国家安全面临的主要威胁和挑战的重要内容。通过形势教育，学生可以及时掌握国家安全的最新动态，增强风险意识和应对能力。

国家安全形势教育应包括国内外安全形势的综合分析。首先，了解国内安全形势的基本情况和主要问题，如社会稳定、经济安全、生态环境安全等。通过对这些问题的分析，学生可以了解国内安全形势的复杂性和紧迫性，增强维护国家安全的责任感和紧迫感。其次，国家安全形势教育还应关注国际安全形势的发展变化，特别是与中国密切相关的国际安全问题，增强对国际安全形势的敏感性和判断力。最后，国家安全形势教育还应包括对重大安全事件的实时分析和讨论。例如，针对突发的国际国内重大安全事件，组织学生进行讨论和分析，帮助他们及时了解事件的背景、发展和影响，提高他们对国家安全问题的分析和应对能力。

5. 国家安全法治教育

国家安全法治教育是培养学生法治意识和依法维护国家安全能力的重要内容。通过法治教育，学生可以了解国家安全相关法律法规，增强依法维护国家安全的自觉性和主动性。

国家安全法治教育的内容包括国家安全法律体系教育，通过法律法规的学习，学生可以全面了解国家在维护国家安全方面的法律保障和具体措施。此外，国家安全法治教育还应包括法治实践的具体案例和经验。例如，通过讲解国内外重大安全案件，分析其法律依据和处理过程，帮助学生将理论与实际相结合，提高其法律素养和实践能力。

总之，总体国家安全观教育通过国家安全理论、历史、形势、战略和法治等方面的系统教育，旨在培养学生的国家安全意识和责任感，增强其维护国家安全的自觉性和主动性。通过这些教育内容，学生可以全面了解国家安全的内涵和外延，提高其分析和解决国家安全问题的能力，为实现国家长治久安和可持续发展奠定坚实基础。未来，随着国家安全形势的不断变化和发展，总体国家安全观教育还将不断丰富和完善，以更好地适应新时代的要求和挑战。

(三) 总体国家安全观教育与高校思想政治教育的联系

1. 总体国家安全观教育是思想政治教育的重要组成

总体国家安全观教育作为一种全新的教育理念，是在国家安全形势日益复杂化、多样化的背景下提出来的。它涵盖传统的军事安全、国土安全，还涉及经济、政治、文化、社会、科技、信息、生态等各个方面的安全问题。这样的教育不仅是对国家安全知识的普及，更是对学生爱国主义精神的培养和政治素养的提升。在学生的思想政治教育中，总体国家安全观教育扮演着不可或缺的角色。通过总体国家安全观教育，学生能够全面认识到国家安全的多维性和重要性，从而增强他们的国家安全意识和责任感。

在总体国家安全观教育中，学生不仅能够学习到国家安全的基本概念和理论，还能够通过具体的案例和实际操作，理解国家安全与个人生活的紧密联系。这种教育方式不仅丰富了思想政治教育的内容，也使得学生在实际生活中能够更好地履行公民义务，维护国家利益。例如，通过分析国际政治经济形势的变化，学生能够认识到国家在国际舞台上的地位和作用，从而更加珍惜来之不易的和平与发展环境。

2. 思想政治教育是总体国家安全观教育的重要途径

思想政治教育作为高校教育的重要组成部分，肩负着培养合格公民和社会建设者的重任。思想政治教育的核心在于引导学生树立正确的世界观、人生观和价值观，而总体国家安全观教育正是通过这一途径得以实现和深化的。思想政治教育的广泛性和普及性使得总体国家安全观教育能够迅速渗透到学生的日常学习和生活中。

通过思想政治教育，总体国家安全观教育能够更好地与学生的心理特点和接受能力相适应。采用多样化的教学手段，如课堂讲授、案例分析、社会实践等，使学生在潜移默化中接受和理解国家安全的重要性。例如，在思想政治课中，通过讲述国家安全的典型案例，让学生亲身感受到国家安全事件的危害和重要性，从而自觉地增强维护国家安全的意识和能力。此外，思想政治教育的系统性和连续性也为总体国家安全观教育提供了坚实的保障，使得这一教育理念能够深入人心、持续发力。

3. 总体国家安全观教育与思想政治教育的有机统一

总体国家安全观教育与思想政治教育的有机统一，是在当前复杂多变的国际形势和日益严峻的国家安全挑战下提出的新要求。这种统一不仅体现在教育内容的融合上，还体现在教育目标、教育方法和教育效果的协调一致上。总体国家安全观教育与思想政治教育相辅相成，共同构成了高校教育的重要组成部分。

在教育内容上，总体国家安全观教育与思想政治教育具有高度的契合性。思想政治教育涵盖了政治、经济、文化、法律、道德等多个方面的内容，这些内容与总体国家安全观的各个方面息息相关。通过将总体国家安全观教育融入思想政治教育中，学生能够更加全面、深入地理解国家安全的广泛性和复杂性。

在教育目标上，总体国家安全观教育与思想政治教育具有一致性。两者的目标都是培养学生的爱国主义精神、提高学生的政治素养和社会责任感。总体国家安全观教育通过具体的安全案例和形势分析，使学生在思想政治教育中获得国家安全意识，从而增强他们的国家认同感和使命感。

在教育方法上，总体国家安全观教育与思想政治教育具有互补性。思想政治教育的多样化教学手段，如课堂讲授、社会实践、讨论交流等，为总体国家安全观教育提供了丰富的实施途径。而总体国家安全观教育的具体案例和形势分析，又为思想政治教育提供了生动的教学素材和实践机会。例如，在进行社会实践活动时，可以结合国家安全教育，让学生亲身体验和了解国家安全工作的重要性和复杂性，从而增强教育的实际效果。

(四) 思想政治教育视域下总体国家安全观教育对策

1. 提升总体国家安全观教育的思想认识

高校作为意识形态工作的主阵地，肩负着传递正确价值观和培育爱国主义精神的重要使命。因此，高校必须高度重视总体国家安全观教育，将其纳入思想政治教育的核心内容中，通过不断提升师生对总体国家安全观的思想认识，确保教育工作能够扎实有效地开展。同时，要利用各种平台和资源，组织专题讲座、研讨会等活动，进一步强化师生对国家安全重要性的认识，从思想上筑牢维护国家安全的坚实防线。

2. 发挥各部门的教育合力

发挥高校各部门在总体国家安全观教育中的协同作用，是提高教育成效的关键所在。高校作为总体国家安全观教育的主责单位，应充分调动各个部门的积极性和主动性，从教学、管理、宣传等各个环节入手，全面落实国家安全教育工作。例如，教务部门可以在课程设计中增加国家安全相关内容，德育部门可以组织形式多样的国家安全主题活动，宣传部门可以利用校内外媒体宣传国家安全知识。通过各部门的紧密配合，形成"全校一盘棋"的工作格局，共同推动国家安全教育的深入开展。

3. 构建总体国家安全观教育长效机制

构建总体国家安全观教育长效机制，是这项工作持续稳定开展的重要保障。高校应在制度建设上着力，制定完善的国家安全教育工作方案和相关管理制度，使总体国家安全观教育有章可循、有据可依。要建立健全考核评价体系，将国家安全教育纳入高校年度工作考核内容中，确保各项措施落到实处。同时，要加强对教育效果的跟踪反馈，根据实际情况不断调整和优化教育策略，确保总体国家安全观教育能够长期发挥作用，真正形成"人人有责、人人参与"的良好局面。

4. 加强课程建设，突出国家安全教育

在思想政治教育中，课程建设是关键。应将总体国家安全观纳入思想政治理论课的教学体系中，通过系统化的课程设置，使学生全面理解和掌握国家安全的各个方面。

(1) 课程内容多样化。为了让国家安全教育更加全面和深入，应将国家安全知识与思想政治理论有机结合，这些安全知识应涵盖政治安全、经济安全、国土安全、军事安全、文化安全、社会安全、科技安全、信息安全、生态安全、资源安全、核安全等多个领域。通过这样的设置，能够帮助学生形成全面的国家安全观念。在具体实施中，可以通过案例分析、历史事件回顾、理论讲解等多种形式增强课程的生动性和吸引力。例如，在讲解政治安全时，可以结合国内外政治事件，分析其对国家安全的影响；在讲解经济安全时，可以通过具体的经济数

据和案例，展示经济安全对国家繁荣的重要性。同时，可以引入一些模拟情景和角色扮演的教学方式，让学生在参与中加深理解。此外，还可以邀请国家安全领域的专家学者进行专题讲座或工作坊，提供权威的理论指导和实践经验分享，进一步丰富课程内容，提高学生的兴趣和参与度。

（2）教学方法创新。为了更好地传递国家安全教育内容，教学方法的创新显得尤为重要。现代信息技术的迅猛发展为教学方法的创新提供了广阔的空间。可以利用多媒体教学、虚拟仿真、在线课程等现代信息技术手段，增强学生对国家安全问题的感性认识和理性思考。例如，通过多媒体教学可以将抽象的国家安全理论具体化、形象化，利用图片、视频、动画等多种形式，使课程内容更加生动有趣；通过虚拟仿真技术，可以模拟各种国家安全事件的场景，让学生在虚拟环境中进行操作和决策，提高他们的应急处理能力和综合素质。此外，还可以通过在线课程平台实现国家安全教育资源的共享，让学生可以随时随地进行学习和交流。

引导学生通过实践活动、社会调查、专题讨论等方式，深入了解和研究国家安全问题，这也是创新教学方法的重要手段之一。例如，可以组织学生开展以国家安全为主题的社会实践活动，让他们走出校园，深入社会，了解国家安全在现实生活中的具体体现；可以鼓励学生进行社会调查，收集和分析有关国家安全的第一手资料，形成调查报告；还可以组织专题讨论会，让学生围绕某一国家安全热点问题进行讨论，发表自己的观点和看法，培养他们独立思考和辩证分析的能力。这些实践活动不仅能够巩固学生对国家安全理论知识的理解，还能提高他们的实际操作能力和社会责任感。

通过多样化的课程内容和创新的教学方法，能够有效地提升思想政治教育中国家安全教育的质量和效果，使学生在潜移默化中增强国家安全意识，形成维护国家安全的自觉性和责任感。高校还可以建立国家安全教育的长效机制，定期评估和改进教育内容和方法，确保国家安全教育能够持续、深入地开展，培养出更多具备国家安全意识和能力的新时代合格公民。

第四节　高校思想政治教育的价值解析

一、高校思想政治教育的个体价值

个体价值的实现是指思想政治教育对个体需要的满足。个体既包括教师个体，又包括学生个体，以下对这两方面进行论述。

（一）教师个体价值

1. 促进教师职业素养的提升

高校思想政治教育不仅向学生传授知识、培养学生品德，还是教师自我提升、专业成长的重要途径。在教育过程中，教师需不断学习党的理论、路线、方针、政策，以及教育学、心理学等相关知识，以提升自身的政治素养、理论水平和教学能力。这种持续的学习和自我提升，有助于教师形成更加科学的教育理念，掌握更加有效的教学方法，从而在职业生涯中实现个人价值的不断增长。

2. 增强教师的职业认同感和使命感

通过参与思想政治教育，教师能够更加深刻地理解自己的职业角色和社会责任，增强对教育事业的热爱和投入。他们不仅传授知识，更在引导学生形成正确的世界观、人生观、价值观的过程中，体验到作为教育工作者的崇高使命和对学生的深远影响。这种职业认同感和使命感的增强，是教师个体价值实现的重要标志，也是推动高校思想政治教育不断向前发展的内在动力。

(二) 学生个体价值

1. 塑造学生的社会责任感和公民意识

高校思想政治教育通过引导学生关注社会问题、参与公益活动、培养服务精神等，有效塑造了学生的社会责任感和公民意识。学生在此过程中学会关心他人、关注社会，形成积极参与社会建设、为国家发展贡献力量的价值观，从而实现了从"小我"到"大我"的转变，是学生个体价值的社会化延伸。

2. 培养学生的创新思维和实践能力

思想政治教育不仅注重理论知识的传授，还强调实践的重要性。通过组织学生参与社会调查、志愿服务、创新创业等活动，思想政治教育有效培养了学生的创新思维和实践能力。学生在实践中学会发现问题、分析问题、解决问题，锻炼了他们的动手能力和团队协作精神，为他们未来的职业发展和社会参与奠定了坚实基础。

3. 引导学生形成正确的自我认知和价值追求

高校思想政治教育通过引导学生进行自我探索、自我反思和自我提升，帮助他们形成正确的自我认知和价值追求。学生在这一过程中学会认识自己的优点和不足，明确自己的兴趣和目标，从而形成积极向上的生活态度和不断追求进步的价值观念。这种自我认知和价值追求的形成，是学生个体价值实现的重要体现，也是他们未来人生道路上的宝贵财富。

二、高校思想政治教育的集体价值

思想政治教育价值实现理论中的集体价值实现理论扮演着至关重要的角色，它不仅连接了社会和个体价值的实现理论，而且构建了一个完整的理论体系。该理论推动了社会和个体价值的统一实现，为价值实现理论提供了完善的框架。

在集体中，人们相互影响，追求共同的目标。思想政治教育的价值有时通过集体表现，以满足集体的发展需求，使成员朝着共同目标努力。思想政治教育在促进集体发展方面起到了积极作用：它满足了集体的需求和价值追求，增强了集体的凝聚力和向心力，推动了集体朝着共同目标的方向前进。这种作用体现了思想政治教育对于塑造集体精神和凝聚力的重要性，也为集体的共同发展提供了坚实的支撑。

(一) 增强集体凝聚力

思想政治教育通过传播共同的价值观念、道德规范和理想信念，使得高校内的师生能够形成统一的思想认识和行动准则。这种统一的思想认识和行动准则是集体凝聚力的基础，使得集体成员能够以共同的目标紧密团结在一起，形成强大的集体力量。同时，思想政治教育还通过组织各种集体活动和社会实践，为师生提供相互了解、相互合作的机会。在这些活动中，大家共同面对挑战、共同解决问题，从而增进了彼此之间的了解和信任，进一步增强了集体的凝聚力。

此外，思想政治教育还注重培养集体成员的责任感和荣誉感。它教导大家要为自己的集体负责，要为集体的荣誉而奋斗。这种责任感和荣誉感的培养使得集体成员更加珍惜集体的荣誉和利益，更加愿意为集体的发展贡献自己的力量。

(二) 实现集体目标

个人的成长和价值实现是社会和集体共同努力的结果，社会的进步也离不开个人和集体的贡献。思想政治教育的职责在于引导人们妥善处理个人、集体和社会之间的关系，将集体目标与社会建设目标相统一，推进集体的科学发展。集体设立的目标必须得到全体成员的认同，这样才能有效地激励每个个体为之奋斗，促进集体目标的达成。思想政治教育通过广泛宣传，让人们深刻认识到集体目标的重要性，并引导他们用辩证和发展的眼光看待这些目标，促使个人的志向与集体目标保持一致。思想政治教育在实现集体目标的过程中发挥着至关重要的作用，能促进集体目标的科学实现和社会的持续进步。

思想政治教育对集体成员的影响是全面的，它使个人情感更加明显，提升了情感充沛度、改善了人际关系、激发了积极情感、抑制了消极情绪。它还能引导成员在情感和组织上更积极向上。这些影响使集体成员更容易将集体目标融入个人目标中，凝聚了集体力量，能更有效地实现集体目标。

(三) 消解集体矛盾

集体主义教育关注个人与集体的关系，以及对他人的理解与包容，可促进成员间的团结合作。思想政治教育采用多种方式解决内部矛盾，提升成员关系的融洽度。二者共同致力于解决内部问题，促进团结协作，增进集体的和谐与团结。

第一，思想政治教育在调节集体氛围方面扮演着关键角色。思想政治教育要求对成员进行认识与了解，及时解决他们的问题并进行正面引导。集体领导者和群众在舆论形成中起到重要作用，可利用舆论导向引导舆论，并融入思想政治教育内容，增强其感染力。思想政治教育通过这些手段创造了积极向上的集体氛围，有助于集体的健康发展。

第二，思想政治教育需要建立平等的沟通交流平台，可采用直接交流、座谈会等方式促进成员思想和意见的交流，分享感受。通过这种平等的交流方式，双方能够自由交流、增进感情，有助于更加快速地解决问题。

第三，思想政治教育注重集体成员的心理状态，通过正确处理人际关系、使学生保持心理平衡，从而避免竞争造成的认知偏差。了解集体成员的思想，有助于制定和完善政策，兼顾其意愿。思想政治教育可在维护良好的干群关系、减少认知偏差方面发挥重要作用，还可为政策制定提供清晰参考，以更好地满足集体成员的需求。

(四) 创造集体文化

集体文化是全体成员共同努力的成果，涵盖物质和非物质层面。通过学习，集体成员得以传承和发扬集体文化。思想政治教育在集体文化的建设与发展中起着重要作用，既传承了集体文化，激励成员不懈努力，又在学习过程中促进了集体文化的传承和发展。

第一，集体成员的行为受规章制度的约束，他们认同规章制度与自身利益息息相关。为实现全体成员的利益和生活水平的提升，高校思想政治教育需要帮助他们认同并遵守集体的规章制度，并不断完善执行过程。

第二，思想政治教育对于个人的思想具有塑造作用，通过统一集体成员的价值追求，树立正确的价值观，进而增强集体文化的生命力和凝聚力。思想政治教育通过强化集体文化中的代表性元素，如集体仪式和象征物，促进更好的集体形象的塑造，增进了集体成员的凝聚力和认同感，有助于集体的持续发展。

三、高校思想政治教育的社会价值

社会价值是指个体或集体行为对社会整体福祉、进步与发展的积极贡献，体现在促进社会和谐、文化传承、道德提升及公共利益的增长等方面。"社会主义和谐社会构建与高校思想政治教育价值实现有着辩证统一的关系"❶，思想政治教育通过影响社会的经济和文化，展现出对社会各方面的价值，体现了其社会价值的形态。

思想政治教育在满足人民文化需求、促进文化发展方面具有重要价值。作为社会意识形态的关键组成部分，它是不可或缺的，是需要实践的文化活动。特别是在高校，思想政治教育的文化价值更为显著，主要体现在促进社会主义文化发展、增强国家软实力、建设文化强国等方面。思想政治教育可以培养学生的文化素养，提升他们的国家意识，为社会主义文化事业的推进提供坚实支持。

（一）促进文化选择

思想政治教育在文化选择方面展现出双重作用，即正面的选择和反面的排斥。正面选择体现在吸收积极的文化，丰富教育内容并持续弘扬。反面排斥则是排斥与思想政治教育导向不符的内容，抵制有害的劣质文化，以此推动思想政治教育的发展。这种双重作用促进了思想政治教育的进步与完善。通过积

---

❶ 汤恺. 论和谐社会构建与高校思想政治教育价值的实现［J］. 学校党建与思想教育（高教版），2008（7）：20.

极吸收和持续弘扬符合其价值观的文化内容,对与其价值观不符的内容进行排斥,思想政治教育得以不断发展壮大。这一过程不仅推动了教育内容的更新与优化,也为思想政治教育的有效实施提供了坚实的基础,促进了整个社会的健康发展。

文化的重要性体现在其包括主流和非主流形式,并对社会发展起着重要作用。无论文化呈现何种形态,只要与思想政治教育目标一致,就应该积极选择和吸收,促进其积极发展。对于与思想政治教育背道而驰的消极文化,应坚决抵制或批判,以维护教育的纯洁性和先进性。我国社会主义文化的繁荣和发展与思想政治教育的推动密不可分,积极选择和吸收符合其目标的文化,抵制消极文化,有助于保持教育的纯洁性和先进性。这些推动着我国社会主义文化的繁荣与发展,促进社会的进步和稳定。

为了建设文化强国,思想政治教育应以开放的姿态面对各种文化,不断取长补短,筛选吸收各种文化中的有益内容,积极吸收传统文化的精华。在借鉴他国文化时,应保持批判性思维,加以创造性转化和理性借鉴。如此能有效实现各种文化因素的继承和利用,为我国的文化建设提供强有力的支持。

(二)促进文化传播

文化传播指的是人们的政治观点、思想观念等具有文化特征的内容的传播。思想政治教育通过广泛传播社会主流的文化教育,培养公民思想道德意识,这种教育模式有助于塑造公民的政治观点和思想观念,促进社会的稳定和发展。

高校思想政治教育过程是传递思想观念、政治观点、道德规范的文化传播过程。通过思想政治教育，学生接受主导社会文化发展的价值观，养成符合社会发展需要的行为习惯，并形成符合社会发展观念的政治态度、观点、信仰、情感和行为。在这个过程中，教育与学习相互交融、相互影响，共同构成了思想政治教育的完整过程。这一过程不仅是知识的传授，更是对学生全面发展的培养，提高了他们的社会责任感和参与感，有助于培养具有创新精神和社会责任感的人才，推动社会进步和文明发展。

(三) 促进文化渗透

思想政治教育通过意识形态塑造社会文化观念，传播符合阶级目标的道德和文化观念。它弘扬主流文化，使之在各个社会亚文化中产生更大影响，从而促进社会的全面发展。这种教育融合了马克思主义和中华优秀传统文化，还汲取了世界优秀文化的精华，具有包容性和多样性。思想政治教育不仅传播主流文化，更吸纳亚文化中的优秀内容，抵制落后思想，促进主流文化的发展。这种教育方式契合当前时代特点，以人民为中心，具有鲜明的中国特色，为引领社会文化的前进、推动社会的进步发挥了重要作用。

文化渗透功能将主流文化传播到亚文化中，使亚文化在社会发展中发挥着重要作用。主流文化的渗透有助于创造良好的社会文化环境，引导文化发展朝着正确的方向，从而减少社会冲突。通过文化的融合与吸收，文化成为思想政治教育的重要载体，促进社会文化的健康发展。这一过程不仅促进了文化的多样性和包容性，也为社会的稳定与繁荣提供了有力支撑。

(四) 促进文化创造

思想政治教育通过文化创造引导文化发展朝向符合其方向。文化是民族的灵魂，它不仅承载着民族认同感和国家认同感，还是凝聚力、创新力和发展力的基石。在全球化的背景下，市场竞争已经超越了经济的范畴，转变为文化之争。在此背景下，思想政治教育在引导文化发展方面扮演着至关重要的角色。

思想政治教育在社会发展中发挥着多重作用，对于培养创新型人才和激发人民群众参与社会建设的积极性至关重要。教师在传授思想政治观念时紧密结合社会实际，吸收并传播优秀文化，同时坚决抵制落后思想，确保与社会主义核心价值观保持一致。思想政治教育的丰富理论知识和完善文化体系，对社会文明的发展起到了积极的推动作用。尤为重要的是，它在教育学科中具有特殊性，不仅能够影响人们的生活方式和价值观念，还能促使行为习惯的改善。思想政治教育为社会主义核心价值观的传承与创新提供了坚实的基础，同时在推动人才培养、社会建设和文化发展等方面发挥着举足轻重的作用。

第三章

高校思想政治教育的方法实践

第一节 高校思想政治教育的理论与实践法

一、高校思想政治教育的理论教育法

思想政治教育的理论教育法是以系统的思想政治教育理论为基础,通过有目的、有计划的教学活动,向学生传授思想政治理论知识,培养其理论素养和思维能力的方法。"着力于深入阐释理论教育法的科学内涵,探寻思想政治教育实践中理论教育法运用存在的问题,实现理论教育法的有效运用是思想政治教育实效的增进之道。"❶

---

❶ 刘君. 略论思想政治教育理论教育法的有效运用 [J]. 黑龙江高教研究,2017(5):153.

(一) 理论教育的重要意义

高等教育是中国特色社会主义教育事业的重要组成部分，高校是马克思主义理论研究与教育的重要阵地，在高校开展理论教育具有重要的意义。

1. 开展理论教育是推进马克思主义大众化进程的必然要求

在当今社会，高校不仅是知识传授的殿堂，更是思想文化交会的中心。它肩负着用中国特色社会主义理论体系教育和武装学生的崇高使命，为中国特色社会主义事业培育着合格的建设者和可靠的接班人。高校应当积极整合哲学社会科学研究资源，提升研究水平，以独特的研究优势，用富有生机和易于理解的方式，向学生传授当代中国马克思主义，为马克思主义在全社会范围内的广泛传播和深入实践奠定坚实的理论基础和强大的思想支撑。

从发展马克思主义理论的角度看，这一科学理论具有鲜明的时代性和创新性，它随着时代的发展而不断发展，需要通过各种形式的理论教育广泛传播和深入人心。只要思想在前进、理论在创新，理论教育就不可或缺。高校作为知识传播的前沿阵地，必须承担起这一历史重任，让马克思主义理论成为学生成长道路上的指路明灯。

我国在校学生群体数量庞大，他们拥有完备的知识结构、良好的综合素养和较强的理解能力。这一群体不仅能够深入理解马克思主义理论，更能够成为马克思主义理论大众化的积极传播者。通过高校的理论教育，让学生普遍认同、接受并信仰当代中国马克思主义，对于他们的全面发展具有根本性的保障作用，同时也为在全社会范围内推动中国特色社会主义理论体系的普及和当代中国马克思主义的大众化进程，提供了源源不断的动力。这样的教育模式不仅有利于学生的个人成长，更对我国社会主义事业的繁荣和发展具有深远的战略意义。

2. 开展理论教育是改进学生思想政治教育的必然要求

开展理论教育是改进学生思想政治教育的必然要求，这一观点基于多方面的考量与分析。

从思想政治教育的本质来看，它是一门以马克思主义为指导，旨在培养学生正确的世界观、人生观和价值观的学科。理论作为这一学科的基石，是学生理解和掌握思想政治教育内容的必要途径。只有通过深入的理论学习，学生才能从根本上理解并认同思想政治教育的核心理念，进而将其内化为自身的思想观念和行为准则。

当前学生思想政治教育面临着诸多挑战，如信息时代的多元化价值观冲击、学生思想观念的多样化等。这些挑战要求学生思想政治教育必须更加注重理论教育的深度和广度，以引导学生正确认识和处理各种复杂的社会现象和思想问题。通过开展理论教育，可以帮助学生建立科学的思想体系，提高他们辨别是非、抵御不良思想侵蚀的能力。

理论教育在培养学生创新思维和实践能力方面也具有重要作用。思想政治教育不仅是传授知识，更重要的是培养学生的思维能力和实践能力,而理论教育正是培养学生这些能力的重要途径。通过学习理论知识,学生可以掌握分析问题、解决问题的方法论,提高他们的创新思维和实践能力。

从教育发展的长远角度来看,开展理论教育也是推动学生思想政治教育不断创新和发展的必然要求。随着社会的不断发展和进步,学生思想政治教育的内容和形式也需要不断更新和完善。而理论教育作为思想政治教育的基础和核心,其发展和创新将直接推动整个学科的进步和发展。

3. 开展理论教育是用科学理论武装学生的必然要求

理论之所以能被广泛接受和应用,关键在于其科学性。一种能够深刻揭示事物本质和规律的理论,自然具备说服人心的力量。在这一过程中,学生不仅是理论的接受者,更是理论的实践者和传播者。理论教育的核心目的在于引导学生从纷繁复杂的理论中甄选出最具科学性和彻底性的理论,并通过多样化的教育形式,使其深入人心,成为学生认识世界、改造世界的强大工具。

当代社会,马克思主义以其深邃的历史唯物主义和辩证唯物主义思想,为人类提供了科学的世界观和方法论。它不仅深刻揭示了社会发展的内在规律,而且为人类解放和社会进步指明了前进方向。因此,通过理论教育,学生能够深入理解和掌握马克思主义的基本原理,进而在实践中灵活运用这一理论,推动社会的全面进步和实现人的全面发展。

教育作为传承和创新知识的重要手段,在培养具有科学素养和政治觉悟的新一代方面发挥着不可替代的作用。特别是在青年学生群体中，教育不仅能够提升他们的思想道德水平，更能够坚定他们的理想信念，引导他们成为社会发展的积极推动者。通过系统的理论教育，青年学生能够深刻认识到马克思主义的科学性和实践价值，将其内化为个人行动的指南，为实现社会和谐与进步贡献自己的力量。

因此，坚持开展理论教育，特别是马克思主义教育，对于培养具有正确世界观、人生观和价值观的人才具有至关重要的意义。这不仅关乎个体的成长和发展，更关系到整个社会的稳定与繁荣。通过理论教育，可以确保理论的生命力得以延续，为社会的持续发展和进步提供坚实的思想基础。

（二）理论教育法的运用原则

高校思想政治教育中，理论教育法的运用原则，首要且核心的是坚持理论与实际相结合的根本指导思想。这一原则在我国高等教育的实践中始终占据主导地位，确保了教育方法与教育内容的现实针对性和时代适应性，与国家和社会的发展步伐保持高度一致。政府在推动教育改革、更新教学内容及创新教学方法的过程中，不断强调理论与实际紧密结合的重要性，旨在构建一种既根植于理论，又服务于实践的教育模式。

马克思主义作为高校思想政治教育的指导思想，其不仅是对客观世界的深刻科学揭示，更是指导人们改造世界的强大思想武器。其鲜明的实践性特征要求理论教育不能仅停留于理论层面的阐述与解析，而应致力于将理论学习与具体的社会实践紧密联系起来，使理论成为照亮实践道路的明灯，引导学生在实践中领悟理论、运用理论并发展理论。

将理论与实际相结合的原则深入贯彻到高校思想政治教育的每一个环节，不仅能够促进学生对理论知识内在意蕴的深刻理解，还能够使学生在实践中不断检验理论的适用性，推动理论的发展与完善，从而有效缩小理论与实践之间的距离。在当前社会快速变迁、新问题层出不穷的背景下，更需以实际为参照，深化对理论的理解与应用，以科学的理论指导实践探索，以实践的丰硕成果反过来丰富和完善理论体系。唯有如此，高校思想政治教育的理论教育法才能真正发挥其应有之效能，培养出既具备深厚理论功底，又拥有强大实践能力的复合型人才，为社会的持续进步与发展提供坚实的智力支持和人才保障。

（三）理论教育法的运用形式与渠道

1. 思想政治理论课

高校思想政治理论课作为思想政治教育的核心组成部分，承担着用科学理论武装大学生头脑、引导其树立正确的价值观念的重要使命。为了充分发挥其主渠道作用，高校在运用形式与渠道上需进行多方面的探索与实践。

在运用形式上，高校思想政治理论课应不断创新课程内容与教学方法。传统的灌输式教学已难以满足当代大学生的需求，因此，引入案例教学、情景模拟、角色扮演等多样化教学手段显得尤为重要。这些教学手段能够将抽象的理论知识具体化、生动化，从而激发学生的思考与参与热情。同时，鼓励教师结合时事热点和社会问题，丰富课程内容，使理论教学更加贴近实际、贴近生活，进一步增强课程的吸引力和实效性。

实践教学是思想政治理论教育不可或缺的一环，也是其重要的运用形式。高校应组织丰富多样的主题实践活动，如社会调研、志愿服务、劳动实践等，让学生在实践中深化对理论知识的理解，培养解决实际问题的能力。通过实践教学，学生不仅能够将所学知识应用于实际，还能在实践中增强社会责任感和使命感，从而更好地实现理论与实践的有机结合。

随着互联网的快速发展，网络思政平台已成为高校思想政治教育的重要阵地。高校应充分利用网络平台，拓展思想政治理论教育的渠道。例如，建设高水平的网络思政课程，利用慕课、微课、直播等形式，打破时空限制，为学生提供更加便捷、灵活的学习资源。同时，加强网络正面宣传，积极传播正能量信息，营造良好的网络舆论氛围，使网络思政平台成为大学生获取正确价值观念和理论知识的重要途径。

在渠道建设方面，高校应加强师资队伍建设，提高教师的政治素养、业务水平和教学能力。教师是思想政治理论教育的主导力量，他们的素质和能力直接影响着教育的效果。因此，高校应重视师资队伍建设，通过组织专题培训、经验交流等活动，提升教师的教学水平和育人能力。同时，鼓励教师积极参与科研活动，将科研成果转化为教学资源，丰富课堂教学内容，进一步提高教学质量。

高校还应根据人才培养目标和办学定位，科学设置思想政治理论课程,完善课程体系建设,优化课程设置管理,确保各类课程与思想政治理论课同向同行,形成协同效应。同时,加强课程内容的整合与更新,使课程内容更加贴近时代、贴近学生实际,进一步增强课程的针对性和实效性。

2. 马克思主义理论社团

高校思想政治教育理论教育法的运用形式与渠道多种多样,其中,马克思主义理论社团(简称理论社团)作为一种独特且富有成效的形式,发挥着举足轻重的作用。理论社团是在高校党团组织的悉心指导下,由学生自发组织起来的,专注于学习、研究马克思主义及积极参与相关社会实践活动的群众性组织。由于其内容的专门性与特殊性,理论社团也被形象地赋予了"红色社团"的美誉,成为高校校园内一道亮丽的风景线。

理论社团的核心宗旨在于通过学习、深入研究和广泛交流党的理论学说,不断提升会员的理论素养和精神境界。它表现出坚定的政治性,始终坚守马克思主义的指导地位;同时,它又具有鲜明的时代性,紧跟时代发展的步伐,不断更新研究内容和活动形式。此外,理论社团还具备广泛的群众性,吸引了来自不同专业、不同背景的学生积极参与,形成了良好的学习氛围和团结的集体精神。更为可贵的是,理论社团强调实践性,鼓励会员将所学理论知识应用于实际,通过参与社会实践活动深化对马克思主义的理解。

近年来,理论社团不仅为校园文化注入了新的活力,提供了展示才华和思想的舞台，而且为学生思想政治教育开辟了新的路径，成为理论教育中自我教育的一种崭新形式。它有效扩大了理论教育的主体范围和影响力，使得更多的学生能够接触到马克思主义理论，感受其魅力所在。在学生思想政治教育工作中，理论社团发挥着越来越重要的作用，它不仅是学生提升自我、锻炼能力的重要平台，更是高校推进思想政治教育、培养德智体美劳全面发展的社会主义建设者和接班人的有力助手。因此，进一步加强对理论社团的指导和支持，对于提升高校思想政治教育的整体效果具有十分重要的意义。

3. 通俗理论读物

高校思想政治教育理论教育法的运用形式与渠道多种多样，其中，通俗理论读物的创作与推广是一种重要且富有成效的方式。通俗理论读物，顾名思义，是将深奥、抽象的理论知识以通俗易懂、贴近生活的语言和形式呈现出来的读物。这类读物旨在使广大学生能够更加轻松、愉悦地学习和理解马克思主义理论等思想政治教育内容，从而增强理论教育的吸引力和感染力。

通俗理论读物的特点在于其语言的平易近人和内容的丰富多样。它们往往采用生动有趣的叙述方式，结合大量鲜活的案例和贴近学生实际的生活场景，将抽象的理论知识转化为具体、形象、易于理解的内容。这样的读物不仅能够帮助学生更好地掌握理论知识，还能够激发他们对理论学习的兴趣和热情。

在高校思想政治教育中，通俗理论读物的运用具有多重意义。首先，它们为学生提供了更加便捷、灵活的学习资源。学生可以在课余时间随时阅读这些读物，无须受限于课堂时间和地点，从而更加自主地安排学习计划。其次，通俗理论读物有助于打破传统理论教育的枯燥和乏味，使理论教育更加生动有趣。通过阅读这些读物，学生可以更加深入地理解理论知识的内涵和价值，增强对理论的认同感和信仰度。最后，通俗理论读物还能够促进校园文化的建设和发展。这些读物往往蕴含着丰富的文化内涵和人文精神，能够为学生提供一个更加宽广、多元的文化视野，有助于培养他们的文化素养和人文精神。

为了更好地发挥通俗理论读物在高校思想政治教育中的作用，我们需要采取一系列措施推广和运用这类读物。首先，高校可以组织专业教师和学者编写高质量的通俗理论读物，确保读物的准确性和权威性。其次，高校可以通过图书馆、书店等渠道将通俗理论读物推荐给广大学生，并提供相应的阅读指导和辅导。最后，高校还可以利用网络平台和社交媒体等新媒体手段推广通俗理论读物，扩大其影响力和覆盖面。

二、高校思想政治教育的实践教育法

思想政治教育的实践教育法是一种将理论知识与实际活动相结合，通过具体实践来增强教育效果的方法。"实践教育法是思想政治教育的重要方法，科学地认识实践教育法，明确实践教育法的理论根据、重要意义和主要方式，有利于在实际工作中更好地发挥实践教育法的作用，从而更好地实现思想政治教

育的目的。"❶

(一) 实践教育法的意义

在当代社会,实践教育法对于学生的培养具有举足轻重的地位。正如党和国家高度重视的那样,社会实践不仅是学生思想政治教育的重要一环,更是他们成长成才的必经之路。

从"红"的角度来看,实践教育法有助于学生坚定理想信念,传承红色基因。通过深入基层、了解国情,学生能够亲身感受到中国特色社会主义的伟大实践,进一步加深对党的路线方针政策的理解和认同。这种实践教育,能够引导学生树立正确的世界观、人生观和价值观,坚定在中国共产党领导下,走中国特色社会主义道路的信念,为实现中华民族伟大复兴的中国梦贡献青春力量。

从"专"的角度来看,实践教育法有助于学生提升专业素养,增强实践能力。通过参与社会实践,学生能够将所学理论知识与实际工作相结合,提高解决实际问题的能力。同时,实践教育还能够拓宽学生的专业视野,让他们在实践中了解行业前沿动态,增强专业敏感性和创新能力。这种实践教育能够使学生更好地适应社会发展的需求,成为具备专业素养和实践能力的优秀人才。

从"全"的角度来看,实践教育法有助于学生全面发展,提升综合素质。社会实践涵盖了多个领域和方面,学生通过参

---

❶ 魏志强. 论思想政治教育实践教育法 [J]. 传承(学术理论版),2009 (12): 70.

与不同形式的社会实践,能够锻炼自己的组织协调能力、沟通能力、团队协作能力等综合素质。同时,实践教育还能够培养学生的社会责任感和历史使命感,让他们在实践中认识到自己的责任和担当,形成积极向上的人生态度和价值观。这种实践教育能够使学生在全面发展的道路上不断前进,成为具备综合素质的优秀人才。

1. 坚定学生的思想政治立场

理论教育与实践教育相结合,是培养社会主义建设者和接班人的关键途径。思想政治教育的深化,不仅依赖于课堂讲授,更需通过社会实践活动实现。

社会实践活动作为马克思主义理论教育的补充,已被证明是促进学生全面发展的有效手段。自20世纪中叶以来,教育部门便强调学生参与劳动生产和社会活动的重要性,以实现感性认识与理论知识的有机结合。随着改革开放的深入,社会实践教学被正式纳入教育体系,成为学生教育不可或缺的一部分。

社会实践的积极作用不容忽视。它不仅帮助学生深入了解国家的发展成就,而且通过亲身体验,促进了对价值体系的深刻理解和对社会变革的积极适应。此外,社会实践还有助于学生在思想上与党的路线方针政策保持一致,从而坚定走中国特色社会主义道路的信念。

思想政治教育的深化还要求学生在面对现实困难和问题时,能够给予深刻的理解和正确的认识。学生的理想化思维倾向往往需要通过社会实践加以纠正,以克服片面性和理想化的思想局限。通过参与社会实践，学生能够更全面地了解国情民情，增强忧患意识和社会责任感，从而在政治敏锐性和科学世界观、人生观、价值观的构建上取得实质性进步。

2. 提高学生的专业素质

通过实践教育，学生能够全面深入地体验和掌握专业学习的社会价值，从而进一步加深对专业的热爱程度，真正激发内在的学习动力，并增强学习的目的性。实践不仅使学生能够将所学知识与实际工作相结合，更能够在实践中不断发现自身学习的不足，以及与社会要求之间的差距，进而促使学生不断完善和提高自身的专业素养。

实践教育还为学生提供了一个在社会大熔炉中锻炼和成长的机会。通过实践，学生能够培养吃苦精神、团队合作意识、职业道德情操、服务意识和实践意识，这些都是在课堂上难以学到的宝贵品质。实践教育促进了学生的全面成长和成才，使他们在未来的职业生涯中更具竞争力。

更为重要的是，实践教育法强调学以致用、理论联系实际、理论指导实践。无论是自然科学还是社会科学，仅有书本知识是不够的。自然科学的成果需要运用于实践才能转化为生产力，而社会科学知识也只有运用到实践中去分析问题、解决问题，才能被真正吸收、消化和提高。实践教育的意义就在于使学生能够把书本上学到的知识和实际工作紧密结合起来，通过亲身体验和实际操作，充分运用所学知识分析问题、解决问题，并在这个过程中检验知识和理论的科学性。

3. 全面提高学生的综合素质

实践教育法是实现学生社会化的有效手段。社会化是一个个体从自然人向社会人转变的复杂过程，涉及个体对知识、技能和社会规范的学习和掌握。这一过程不仅包括社会对个体的教化，也包括个体对社会的适应，体现了个体与社会之间的互动。对于青年学生而言，社会化是其成长过程中不可或缺的一部分，它帮助学生为未来的社会角色做好准备。

教育的目的是帮助学生完成社会化，建立基本的社会意识，掌握必要的社会技能。社会实践活动为学生提供了一个从大学教育向职业生涯过渡的平台，帮助他们在社会中找到自己的位置，学会处理人际关系，了解并遵循社会道德标准，培养法治意识和职业道德，增强社会责任意识，提高社会适应能力。通过社会实践，学生能够在现实生活的挑战中不断自我完善，为承担新的社会角色做好充分的心理准备。

(二) 实践教育法的主要特征

实践教育法作为一种以实践活动为主要形式的教育方法，具有一系列独特而鲜明的特征。这些特征不仅体现了实践教育法的核心价值，也为其在教育领域中的广泛应用和深远影响奠定了坚实的基础。

1. 主体性

实践教育法深刻地体现了学生的主体性，即强调学生在实践活动中应占据核心地位,充分发挥其内在的主观能动性。这一核心特征要求教育实践者在设计和实施教育活动时,必须充分尊重学生的个性差异和主体地位,确保每个学生都能在实践活动中找到自己的位置,发挥自己的作用。实践教育法鼓励学生积极参与各类实践活动,通过亲身体验和实际操作,主动探索、发现和解决问题。在这个过程中,学生能够更加深入地了解和掌握所学知识,将理论与实践紧密结合,从而构建起属于自己的知识体系。同时,实践活动还能有效培养学生的自主学习能力、自我发展能力和自我完善能力,使他们学会如何独立思考、如何自我驱动、如何不断进步。这种对学生主体性的强烈强调,有助于充分激发学生的内在学习动力,让他们从内心深处热爱学习、追求成长,进而实现个人的全面发展。

2. 互动性

实践教育法高度重视教育活动中的互动性,认为互动是促进学生学习和成长的重要途径。这种互动性不仅体现在师生之间,还广泛存在于学生与学生之间,以及学生与实践环境之间。通过多层次的互动,学生可以更加深入地理解和掌握知识,将所学内容与实际情境相结合,形成更加深刻、全面的认知。同时,互动还能有效培养学生的沟通能力、协作能力和团队精神等社交技能,使他们在实践中学会如何与他人合作、如何协调不同意见、如何共同解决问题。教师在实践活动中扮演着引导者和指导者的角色,他们与学生并肩作战,共同探索、解决问题,形成一种平等、民主、开放的师生关系。这种互动性的强调,有助于营造一个积极、和谐的学习氛围,让学生在轻松、愉快的环境中自由表达、大胆尝试、不断成长。通过这样的互动实践,学生的综合素质得到全面提升,为未来的学习和生活打下坚实的基础。

3. 综合性

实践教育法展现出鲜明的综合性特征。这种综合性不仅体现在德育、智育、体育的有机结合上,还深入贯彻到对学生多种知识、技能和素养的全面培养中。实践教育法鼓励学生通过实践活动,将所学的理论知识、技能和方法进行综合运用,以解决实际问题。在这个过程中,学生不仅能够巩固和深化所学的理论知识,还能将知识转化为实际能力,提升解决问题的能力。此外,实践教育法还注重培养学生的创新思维、批判性思维和团队协作能力等多方面的素养。这种综合性的强调,有助于实现全方位育人的目标,促进学生的全面发展。通过实践教育法的实施,学生将在知识、能力、素养等多个层面得到全面提升,为未来的学习、工作和生活奠定坚实的基础。

(三)实践教育法的基本形式

实践教育法在高校思想政治教育中占据着举足轻重的地位,其形式多样,旨在通过实际操作与亲身体验深化学生对理论知识的理解,提升其思想政治素质,并培养其社会责任感。

1. 社会实践形式

社会实践是高校思想政治教育中最直接、最生动的实践形式之一,具有极高的教育价值和现实意义。它涵盖了社会调查、志愿者服务、公益活动、实习实训等多种方式,为学生提供了走出校园、深入基层、了解社会的宝贵机会。通过这些活动,学生能够亲身感受社会现状,服务社会,学习并掌握调查方法、人际交往技巧等实用技能,同时提升思想政治素质和社会责任感。

例如,在社会调查中,学生可以针对社会热点问题展开调研,了解问题的本质和根源,从而增强分析问题和解决问题的能力。在志愿者服务中,学生可以亲身参与社会公益事业,为弱势群体提供帮助和服务,培养奉献精神和社会责任感。这些实践活动不仅有助于学生将理论知识与实际应用相结合,还能让他们在实践中不断锤炼自己的意志品质和道德情操。

2. 基地教育形式

基地教育形式是一种创新的实践教育方式,它充分利用地方教育资源优势,建立校外德育教育基地,组织学生到基地进行参观学习,接受现场思想政治教育。这种形式能够让学生身临其境地感受革命传统、历史文化和现代科技成就,从而加深对思想政治理论的理解和认同。

通过基地教育,学生可以更加直观地了解历史事件、革命传统和先进科技,感受其背后的精神内涵和价值观念。这种身临其境的学习方式不仅丰富了教学内容，还增强了教学的感染力和说服力，使学生能够在直观感受中接受并内化思想政治教育。同时，基地教育还能培养学生的实践能力和创新精神，为他们未来的成长和发展打下坚实的基础。

3. 模拟实训形式

模拟实训是一种富有成效的实践教育手段，在于通过精心设计的模拟场景或情境，使学生能够在近乎真实的环境中进行操作和演练。这种方法的根本目的在于提升学生的实践能力和解决问题的能力，使他们能够更好地应对未来社会和工作中的实际挑战。

在高校思想政治教育领域中，模拟实训的形式多种多样，其中模拟法庭、模拟政协提案及模拟企业管理等形式尤为突出。通过这些模拟活动，学生能够在仿真的情境中亲身体验和理解复杂的社会现象和问题，从而深化他们对政治、社会及经济等领域的认知。更重要的是，这种实训形式有助于增强学生的政治素养和社会实践能力，为他们未来步入社会奠定坚实的基础。

4. 校园文化活动形式

校园文化活动是实践教育中不可或缺的一部分，它承载着丰富的教育意义和价值。高校通过定期举办各类文化、艺术和体育活动，如文化节、艺术节、运动会等，为学生搭建了一个展示自我才华、锻炼综合能力的广阔平台。这些活动不仅极大地丰富了学生的课余生活，使他们在紧张的学习之余能够得以放松和娱乐,更在潜移默化中提升了学生的思想政治素质和人文素养。学生在参与这些活动的过程中,能够深刻体会到团队合作的重要性,学会如何在集体中发挥自己的作用,同时也能感受到集体的温暖和力量。长此以往,校园文化活动将有效增强学生的集体荣誉感和归属感,为校园和谐氛围的形成贡献积极力量。

第二节 高校思想政治教育的综合方法运用

一、高校思想政治教育综合方法发展的背景

(一) 学生需求的多样性

随着我国社会主义市场经济体制的不断完善和改革开放的持续推进,学生的自主意识和竞争意识日益增强,他们的思想观念也变得日益多样化。这种多样化的思想观念使得学生对于思想政治教育的需求呈现出多样性。传统的单一教育方法已经难以满足学生在思想、心理、情感等多方面的需求。

为了满足这种多样化的需求,思想政治教育需要综合运用各种方法,包括深入人心的理论教育方法、充满人文关怀的辅导方法,以及高效便捷的信息方法等。这些方法需要全面渗透到学生的工作、学习和生活中,确保在各个领域都能发挥有效作用。

例如,当学生面临职业发展困惑时,教师会运用职业规划

理论和心理咨询技术，结合个体的实际情况，为他们提供个性化的指导和支持；当学生需要获取新知识时，教师会利用现代信息技术，开发在线教育平台和移动应用，为他们提供丰富的学习资源和便捷的学习方式。

通过综合运用这些方法，教师能够更好地满足学生的需求，帮助他们解决各种思想问题和心理障碍，促进他们的全面发展。

(二) 思想政治教育信息网络环境变化

在当今时代，现代信息技术特别是网络技术的飞速发展，极大地改变了人们的生活方式和社会交往模式。信息网络技术的开放性、交互性和及时性等特点，使得信息传播更加迅速，人际沟通更加便捷。

然而，这种变化也对思想政治教育提出了新的挑战。一方面，信息网络技术的发展使得学生获取信息的方式更加多样化，他们可以通过网络获取各种信息，包括正面的和负面的，这对他们的思想观念和价值判断产生了深刻影响；另一方面，网络空间的匿名性和虚拟性也增加了思想政治教育的难度，使得学生在网络空间中的行为难以监管和引导。

因此，当代思想政治教育综合方法的发展必须充分考虑信息网络环境的变化。教师需要大力加强网络思想政治教育方法的研究与应用，探索如何在网络空间中有效开展思想政治教育。

通过不断拓展思想政治教育信息技术方法的综合发展，教师能够更好地适应信息网络环境的变化，提高思想政治教育的针对性和实效性。

二、高校思想政治教育综合方法的功能

(一) 全面实现思想政治教育的目标

思想政治教育作为一项深刻的社会实践活动，其核心在于明确且系统地增强个体认识世界与改造世界的能力。其终极目标聚焦于促进人的全面发展，这一发展是全面且深刻的，它不仅涉及思想品德的升华，还包括能力、情感与价值观等多个维度的综合提升，旨在构建一个完整、健康的世界观、人生观与价值观体系。鉴于学生的思想品德是一个由认知、情感、意志与行为等多重要素交织而成的复杂系统，其内在的整体性与协调性要求我们在教育方法上必须采取一种综合性的策略。

在当今社会，思想政治教育综合方法的发展趋势已超越了单一目标实现的范畴，它更倾向于全面解决学生在思想、心理、行为等多个层面上的问题，推动认知、情感、意志与行为等要素的综合与协调发展。这一方法着重于知识的传递与理论的灌输，以实现教育过程中的知性目标；同时，它更加强调激发学生的情感共鸣，锤炼其思想品德与实践技能，并注重智力性因素与非智力性因素的和谐共生，全面追求在认知、情感、态度、价值观等多个层面上的教育目标。

因此，无论是主从式与并列式的综合方法，还是协调式与交替式的综合方法，又或是渗透式与融合式的综合方法，它们均以其多元化的教育方式、广泛的教育覆盖及多层次的教育内容，对学生产生深远而综合的影响。这些影响不仅局限于思想

层面，更深入到心理与行为层面，持续提升学生的思想道德品质、综合素质与实践能力，最终圆满实现思想政治教育的全面目标。通过这一综合方法的运用，不仅能够更好地契合当代社会对高素质人才的需求，也为促进个体的全面发展奠定了坚实的基础。

(二) 形成思想政治教育合力

教育合力，即在特定时间与条件下，通过实施综合教育所产生的累积效果，这种效果远超单一教育手段所能达成的范畴。从系统论的角度出发，系统功能的实现并非其内部各要素功能的简单叠加，而是经过相互作用与制约，最终形成的远大于各要素之和的合力。

在思想政治教育实践中，这种合力的形成显得尤为重要。思想政治教育综合方法的发展，并非简单地停留在对单一方法的运用上，而是倾向于构建一个多元化的教育方法体系，形成一个完整的综合教育方法系统。在这个系统中，每一种具体方法都与其他方法相互作用、相互制约，共同作用于学生的思想、心理和行为，形成一个难以分割的整体。这种教育合力的形成，使得思想政治教育在实践中的效果得到了极大的提升。由于各种教育方法在系统中相互交织、相互补充，它们所产生的教育效果也呈现出一种叠加与放大的趋势。这种合力不仅难以简单归因于某一种具体方法，更在于各种方法之间的协同作用，共同推动教育目标的实现。

因此，对于思想政治教育实践而言，综合性教育方法的发展不仅是一种趋势,更是一种必然。必须深入研究各种教育方法之间的内在联系与作用机制,积极构建多元化的教育方法体系,以形成强大的教育合力,不断提升思想政治教育的效果与质量。

(三) 提升思想政治教育的综合实效

现代社会中,学生不再单纯依赖教师传递的信息和内容,而是通过多种渠道主动获取自身发展的需求,并追求自我教育的目标。尤其是在科技高度发达和价值取向多元化的背景下,学生能够发挥主观能动性,从信息网络、社会实践等多元渠道中汲取养分,实现自我提升。

思想政治教育综合方法的发展,正是基于对学生自主性的深刻理解和尊重。它强调通过多种有计划、有目的的科学教育方式方法的综合运用,既充分激发学生的主观能动性,又确保他们能在科学的引导下接受教育,实现思想情感和素质的全面发展。这种发展方式不仅提高了学生的自主性,还促进了教师与学生之间的有效互动,使得教育过程更加生动、丰富和深入。

三、高校思想政治教育综合方法发展的形态

(一) 显性方法和隐性方法有机互补

高校思想政治教育作为培养中国特色社会主义事业合格建设者和可靠接班人的重要手段,其方法的多样性和综合性在现代教育体系中显得尤为重要。在这一过程中,显性方法和隐性

方法的有机互补成为提升教育效果、增强教育实效的重要策略。

显性方法是指通过直接、具体、明确的手段进行思想政治教育的方式。常见的显性方法包括课堂讲授、专题讲座、政治理论学习、专题讨论会、主题班会、社会实践等。这些方法的特点是目标明确、内容具体，能够通过系统的理论讲解和规范的实践操作，使学生在较短时间内获得较为丰富的理论知识和实践经验。例如，通过思想政治理论课程，教师能够系统地讲授马克思主义基本原理、中国特色社会主义理论体系等核心内容，使学生对相关知识有一个清晰、系统的理解。

然而，仅依赖显性方法难以满足当代大学生多样化、个性化的思想政治教育需求。因此，隐性方法的运用显得尤为重要。隐性方法是指通过潜移默化的方式，在潜在的教育环境中对学生进行思想政治教育。这种方法的特点是教育内容隐藏在日常生活、校园文化、社团活动、网络交流等各种社会实践中，通过潜移默化的方式影响学生的思想观念和行为习惯。例如，通过营造积极向上的校园文化氛围，学生在潜移默化中受到正面思想的熏陶；通过网络新媒体平台的建设和管理，传播正能量，引导学生树立正确的价值观和人生观。

显性方法和隐性方法的有机互补，可以实现思想政治教育的立体化和全方位覆盖。一方面，显性方法提供了明确的理论指导和实践框架，为思想政治教育奠定了坚实的基础；另一方面，隐性方法通过潜移默化的方式，使思想政治教育更加深入人心，增强了教育的感染力和实效性。两者相辅相成，共同构成了一个完整的思想政治教育体系。

在具体操作中，高校可以通过多种途径实现显性方法和隐性方法的有机结合。例如，在课堂教学中，教师不仅要讲授理论知识，还可以结合实际案例和社会热点问题，引导学生进行思考和讨论，增强课堂的互动性和吸引力；在课外活动中，高校可以组织丰富多彩的文化活动、社会实践和志愿服务，使学生在实践中接受思想政治教育的洗礼；同时，通过校园媒体、网络平台等渠道，传播正能量，营造积极向上的舆论氛围，使思想政治教育渗透到学生的日常生活中。

总之，高校思想政治教育要实现高效和全面的发展，必须注重显性方法和隐性方法的有机互补。显性方法的理论指导和隐性方法的潜移默化相结合，才能真正做到润物细无声，使思想政治教育深入学生的内心，达到育人育德的目标。这不仅是高校思想政治教育的现实需要，也是提升高校教育水平、培养新时代中国特色社会主义事业合格建设者和可靠接班人的必然要求。

(二) 家庭、高校及社会三位一体综合教育方法的发展

高校思想政治教育不仅是高校的职责，更需要家庭和社会的紧密配合，形成三位一体的综合教育方法。这种综合方法的发展，对于提升思想政治教育的实效性，培养全面发展的社会主义事业接班人具有重要意义。

家庭教育在高校思想政治教育中起着奠基作用。家庭是学生最初接受教育和形成价值观的场所，父母的言传身教对学生的思想品德、行为习惯有着深远的影响。在家庭教育中，父母

应以身作则，注重言行一致，积极传递正面的价值观和道德准则。例如，家长可以通过日常的谈话、生活中的点滴教育，潜移默化地引导学生树立正确的人生观、价值观和世界观。此外，家长应积极参与到学生的学习和生活中，关注学生的思想动态，与高校保持良好的沟通，共同解决学生在成长过程中遇到的问题。

高校教育是高校思想政治教育的主阵地，起着关键作用。高校不仅是传授知识的场所，更是学生思想政治教育的重要阵地。高校应充分利用课堂教学、课外活动和校园文化建设等多种途径，系统地开展思想政治教育。具体来说，高校应通过思想政治理论课、专题讲座、主题班会等显性教育方法，向学生传授马克思主义理论、中国特色社会主义理论等重要思想。同时，高校还应通过组织社会实践、志愿服务、文艺活动等隐性教育方法，让学生在实际行动中体验和践行社会主义核心价值观。此外，校园文化建设也是高校思想政治教育的重要内容，高校应营造积极向上的校园氛围，通过各种文化活动、校内媒体传播正能量，引导学生健康成长。

社会教育是高校思想政治教育的重要补充。社会环境对学生的思想政治素质有着潜移默化的影响。社区、企事业单位、媒体等社会各界应积极参与到高校思想政治教育中来，共同营造良好的社会氛围。例如，社区可以通过组织志愿活动、文化活动等方式，引导学生参与社会实践，增强社会责任感；企事业单位可以通过校企合作、实习实践等方式，为学生提供接触社会、了解社会的机会，帮助学生树立正确的职业观和人生观；

媒体应履行社会责任，传播正能量，积极引导舆论，为学生营造健康的舆论环境。

家庭、高校及社会三位一体综合教育方法的发展，需要多方的协同努力和机制的不断完善。一方面，高校应建立健全家庭、高校和社会联动机制，加强与家庭和社会的沟通与合作，形成教育合力。例如，高校可以定期举办家长会、家长开放日等活动，增进家校互动；建立校企合作平台，推动学生实习实践；开展校地共建，促进高校与社区的深度合作。另一方面，政策支持和制度保障是三位一体综合教育方法发展的重要保证。政府应加强对家庭教育的指导和支持，制定相关政策，推动家庭教育的科学化、规范化；同时，应加强对社会各界参与思想政治教育的引导和支持，鼓励社会力量积极参与高校思想政治教育。

第三节 现代化视域下高校思想政治教育的方法创新

一、现代化视域下高校思想政治教育方法创新原则

（一）方向性原则

方向性原则要求思想政治教育始终坚持正确的政治方向和价值导向。高校思想政治教育的核心任务是培养具有坚定理想信念、深厚家国情怀和高尚道德情操的社会主义建设者和接班人。在方法创新过程中，必须牢牢把握马克思主义的指导地位，

确保教育内容和方式始终围绕中国特色社会主义的核心价值观展开，防止偏离正确方向或受到错误思潮的影响。

(二) 协同性原则

协同性原则强调思想政治教育的系统性和整体性。高校思想政治教育不仅是思想政治理论课的任务，更应当渗透到各个学科、各类活动和校园文化建设之中。要充分调动和整合校内外各种资源，形成教育合力。例如，教师、学生管理人员和社团组织应紧密合作，构建全员、全过程、全方位的育人体系。通过多方协同，实现思想政治教育的无缝衔接和整体推进。

(三) 开放性原则

开放性原则提倡思想政治教育要在开放的环境中进行，要善于借鉴和吸收国内外优秀教育理念和方法。面对全球化和信息化的冲击，高校思想政治教育需要走出封闭的校园，积极引入先进的教育技术和国际化的视野。例如，可以通过与国外高校合作，开展国际交流项目，提升学生的全球视野和跨文化理解能力。同时，利用互联网和新媒体技术，打造线上线下相结合的教育平台，增强思想政治教育的吸引力和实效性。

二、现代化视域下高校思想政治教育创新方法

(一) 协同教育法

在现代化视域下，高校思想政治教育的创新方法中，协同

教育法是极具代表性和实践意义的一种模式。协同教育法强调多方资源的整合与协调,通过系统性的教育策略,提升思想政治教育的效果。在这个过程中,思政课程与课程思政的协同教育法成为关键的组成部分,二者的有效融合是实现高校思想政治教育目标的重要途径。

课程思政则是将思想政治教育融入各类专业课程的教学过程中,使思想政治教育覆盖整个教育过程,达到"全程育人、全方位育人"的效果。协同教育法则是将思政课程与课程思政有机结合,通过一体化设计和实施,最大限度地发挥思想政治教育的整体效能。

协同教育法的实施路径主要包括以下方面。

第一,构建系统化的教育体系。协同教育法需要高校在顶层设计上进行系统化的规划,要从高校层面制订总体的思想政治教育方案,将思政课程与各专业课程的思想政治教育内容进行有机融合,通过制订详细的实施计划和评价标准,确保思政教育的内容能够融入各类课程教学中。

第二,加强师资队伍建设。教师是实施协同教育法的关键,高校应注重培养一支既懂专业知识,又具备深厚思想政治素养的教师队伍,通过开展定期的师资培训、学术交流和教学研讨,使教师能够准确把握课程思政的内涵与要求,并在教学中有效实施。

第三,创新教学方法。在协同教育法的实施过程中,教学方法的创新是提高教育效果的重要保障。要充分利用现代信息技术,发展线上线下相结合的混合式教学模式,增强学生的参与感和互动性。同时，可以通过案例教学、项目式学习等方法，将思想政治教育与专业知识相结合，提升学生的综合素质。

第四，营造良好的教育氛围。高校应注重营造浓厚的思想政治教育氛围，通过校园文化建设、主题活动和社会实践等多种形式，丰富学生的思想政治教育体验。通过组织各类主题讲座、社团活动、志愿服务等，使学生在实践中领会思想政治教育的深刻内涵。

协同教育法在实际操作中已经显示出显著的效果。通过思政课程与课程思政的有效融合，学生的思想政治素质得到显著提升，理论素养与实践能力得到同步提高。同时，教师的教学能力和科研水平也在不断提升，教学相长的良好局面逐渐形成。未来，高校思想政治教育的协同教育法需要进一步深化和完善。在全球化、信息化迅速发展的背景下，高校应不断探索新的教育模式和方法，注重理论与实践的结合，强化教育内容的时代性和针对性。通过持续的创新和实践，协同教育法必将在高校思想政治教育中发挥更加重要的作用，推动思想政治教育水平迈上新台阶。

（二）舆情分析法

舆情分析法作为一种创新的方法，能够为高校思想政治教育提供新的思路和工具。以下将从强调参与性、注重接受和积极反馈三个方面详细论述舆情分析法在高校思想政治教育中的应用及其意义。

首先，舆情分析法强调参与性。现代高校的学生群体具有高度的自主性和参与意识，传统的思想政治教育方式往往难以激发学生的兴趣和参与热情。舆情分析法通过对网络舆情的实时监测和分析，能够捕捉到学生群体关心的热点话题和意见动向，从而为思想政治教育提供准确的切入点。例如，通过分析社交媒体上的讨论热点，教师可以了解学生在社会热点事件中的态度和观点，并将这些内容纳入教学中，形成师生互动的良性循环。参与性不仅体现在学生对教育内容的反馈上，还体现在他们在舆情分析过程中扮演的角色上。学生可以通过实践操作了解舆情分析的基本方法和技术，增强他们的信息素养和参与意识，增强思想政治教育的效果。

其次，舆情分析法注重接受。思想政治教育的最终目标是使学生在思想上和行动上认同和接受教育内容，而不是简单地灌输知识。舆情分析法通过对学生群体情绪和态度的深度分析，可以帮助教师了解学生对教育内容的接受程度和心理反应。这样，教师可以根据学生的实际情况调整教学策略和方法，提高教育的针对性和有效性。例如，通过分析学生对某一政策或事件的反应，教师可以发现其中存在的误解和偏见，及时进行引导和澄清，从而提高学生对教育内容的接受度和认同感。这种注重接受的教育方式，不仅有助于实现教育目标，还能培养学生的批判思维能力和理性思考能力，使他们在复杂多变的社会环境中保持清醒和理智。

最后，舆情分析法注重积极反馈。反馈是教育过程中不可或缺的一环，通过有效的反馈机制，教师可以了解学生的学习情况和思想动态，及时调整教育内容和方法。舆情分析法通过大数据技术对学生的意见和建议进行系统的分析和整理，形成详尽的反馈报告，供教师参考。这种反馈不仅是单向的信息传递，更是双向互动的过程。教师可以根据反馈结果主动与学生沟通交流，了解他们的真实想法和需求，并在此基础上进行针对性的教育和引导。例如，通过舆情分析，教师可以发现某一时期学生普遍关注的社会问题，从而有针对性地开展专题教育，回应学生的关切和期望。积极反馈不仅可以提高思想政治教育的实效性，还能增强师生之间的信任和理解，形成良好的教育生态。

（三）虚实结合法

在现代化视域下，高校思想政治教育创新方法应充分利用虚实结合法，将线下教育与线上教育有机结合，形成一种相辅相成的教育模式。这种方法不仅顺应了信息时代的发展潮流，更能够有效提升思想政治教育的实效性和覆盖面。

首先，虚实结合法通过线下教育与线上教育的融合，能够更好地满足学生多样化、个性化的学习需求。传统的线下思想政治教育依赖于课堂教学、课外活动等形式，虽然能够提供面对面的互动和沟通，但受限于时间和空间的限制，无法全面覆盖每一位学生。而线上教育则借助互联网和数字技术，可以随时随地提供丰富的教育资源和互动平台，打破了时空的限制，极大地拓宽了思想政治教育的渠道。通过虚实结合，学生既可以在课堂上与教师面对面交流，接受系统的理论知识教育，又可以利用网络平台进行自主学习和讨论，形成对知识的更深理解和思考。

其次,虚实结合法可以增强思想政治教育的互动性和参与感。线上教育平台可以通过多种多样的互动形式,如直播课程、在线讨论、案例分析、角色扮演等,激发学生的学习兴趣和参与热情。线下教育则通过组织各种实践活动,如社会调研、志愿服务、主题讲座等,让学生在实际行动中感受和体验思想政治教育的内容。两者结合,不仅能够调动学生的积极性,还能促使他们在理论与实践的结合中深刻理解和认同思想政治教育的核心价值观。

再次,虚实结合法有助于思想政治教育资源的优化配置和共享。线上教育平台可以汇集全国乃至全球范围内的优质教育资源,如名师讲座、经典文献、优秀案例等,为学生提供丰富多样的学习材料和参考。而线下教育则可以根据学生的具体情况和实际需求,有针对性地安排教学内容和活动。通过线上线下的有机结合,教育资源可以得到更加合理和高效的利用,使得每一位学生都能够享受到优质的思想政治教育。

最后,虚实结合法在高校思想政治教育中的应用,还需要建立完善的保障机制。①需要加强信息化基础设施建设,确保网络平台的稳定运行和教学资源的充足供应。②需要提升教师的信息化素养和教学能力,使其能够熟练运用现代化教育手段进行教学。③还需要制定科学的评价体系,对线上线下教育效果进行全面评估,以不断优化和改进教育方法和内容。

三、现代化视域下高校思想政治教育方法创新的途径

(一)从"单向传授"向"多维互动"转变

在传统的思想政治教育模式中,教师通常扮演着知识传授者的角色,学生则是被动的接受者。现代化视域下的高校思想政治教育更强调师生之间的互动,倡导"多维互动"的教学模式。通过师生间的互动,学生不仅能更深刻地理解教学内容,还能在交流中提出自己的见解,激发独立思考和创新意识。例如,可以通过讨论、辩论、案例分析等多种形式,让学生在参与过程中理解思想政治理论的实际应用,从而增强教育的实效性和针对性。这种互动模式不仅有助于教师及时了解学生的思想动态和接受情况,还能让学生在互动中体验到思想政治教育的现实意义,提升他们的参与感和认同感。

(二)从"经验型"向"科学型"转变

传统的高校思想政治教育多依赖于教师的个人经验和主观判断,这种"经验型"教育模式虽然在一定程度上具有灵活性和个性化,但不够系统。随着教育科学的发展,高校思想政治教育应更多地依托于科学研究的成果和系统的理论框架,向"科学型"转变。通过引入教育学、心理学、社会学等多学科的研究成果,构建科学的教育方法和评估体系,确保思想政治教育的科学性和有效性。例如,可以采用心理学中的认知理论设计教学内容,使之更符合学生的认知规律;通过社会学的视角

分析当代大学生的思想动态，从而有针对性地开展教育活动；同时，还可以运用数据分析技术，系统地评估教育效果，及时调整教育策略，以实现更加精确和高效的思想政治教育。

（三）从"单平台"向"全媒体"转变

在信息化时代，单一的教育平台已不能满足当代大学生多元化的学习需求和信息获取习惯。思想政治教育必须适应这种变化，从"单平台"向"全媒体"转变。全媒体的教育模式不仅包括传统的课堂教学和纸质教材，还涵盖了网络课程、社交媒体、移动应用等多种新媒体手段。通过全媒体的综合运用，可以极大地拓展思想政治教育的覆盖面和影响力。例如，利用微信公众号、微博、抖音等平台发布思想政治教育内容，使学生在日常生活中随时随地接触到相关信息；通过在线课程和虚拟课堂，实现跨时空的教学互动，满足不同学生的个性化学习需求；利用数据挖掘技术，分析学生的兴趣和关注点，有针对性地推送教育内容，提高教育的精确性和吸引力。这种全媒体的教育模式不仅能丰富思想政治教育的形式和内容，还能提升其时代感和亲和力，使思想政治教育更加贴近学生的实际生活，真正做到"润物细无声"。

第四章

高校思想政治教育的媒介创新

第一节 图像符号在高校思想政治教育中的应用

一、思想政治教育图像符号的属性

图像符号就是以直观的视觉化形式承载客观事物及其意义指向的物质性载体。究其实质，就是生成信息和传递文化的符号方式，表征着个体认知世界的方式由"思"转向"看"、由"文字"转向"图像"、由"静态"转向"动态"。

思想政治教育图像符号是利用图像的形式将思想政治教育内容呈现出来，给予学生强烈的视觉冲击，并对其思想行为产生影响的符号载体，最终目的是在求"真"、求"美"的基础上引人向善、引人向正、引人向直。

随着我国社会的发展和思想政治教育工作的开展，思想政治教育图像符号所承载的内容也在实时更新，反映出党在不同时期的政治思想、方针政策，彰显出浓烈的中国特色政治文化和意识形态价值色彩，这种特有的价值属性主要表现在指导思想、图像制作和信息接收三个方面。

首先，从指导思想这一层面来看，思想政治教育图像符号作为一种有力的宣传工具，具有中国特色社会主义意识形态性，可以教育、影响、动员和引导群众，使其思想品德、行为举止向着中国社会所要求的方向发展。

其次，从制作主体来看，思想政治教育图像符号的制作是在中国共产党的领导下，国家文艺工作者和思想宣传人员以图为媒，共同参与的实践活动。这些图像符号的创作者成长于中国社会，在耳濡目染中感知中国社会思想文化的发展，在中华民族的历史长河中受到文化熏陶，因而制作出来的图像符号不可避免地带有中国特色政治文化和意识形态色彩。

最后，由于思想政治教育工作中的图像话语、道德人物、价值观念、民族特色等概念和内容是由整个国家经济基础决定的，因而思想政治教育图像符号的接收者所获得的必然是具有中国特色的社会主义核心价值观导向的情境体验、思想观念、政治观点和道德规约。

二、图像符号在高校思想政治教育中的价值

图像符号是人们传播信息、沟通交流、表达思想和情感的重要工具。将图像符号应用在思想政治教育中具有重要意义，它能够形象化地呈现教育内容，从而增进学生对思想政治教育理论性、历史性内容的理解，推动思想政治教育工作更好地开展。

(一) 图像符号可以强化高校思想政治教育效果

图画符号、音频符号、影像符号是典型的图像符号形式。图像符号与思想政治教育相结合，可以优化教学方式，使教育内容以人们喜闻乐见的图像形式呈现出来；也可以营造教育氛围，让学生在"无教者"的场域中也能受到思想文化熏陶，有利于加强思想政治教育主客体之间的情感共鸣，强化教育效果。

首先，图画符号的应用可以优化教学方式，强化教育实效性。思想政治教育内容体系庞大，包含深奥的原理、崇高的精神和悠久的历史等，部分学生在学习过程中可能难以真正领悟这些理论内容对当代的思想意义。而图画符号作为图像符号的一种，在课堂教学中常常被教师用作教学辅导工具，这使某些抽象的教育内容能以 PPT 插图、宣传报、美术画作等形式形象化、具体化地传达出来，不仅能为学生提供学习参考图，帮助其深入理解思想政治教育内容，而且具备美感的图画作品也能激发学生接受思想政治教育的主动性和积极性。例如，教师通过将党史内容和美术经典作品巧妙结合，采用"以画为体，以史为魂"的结构方式，将红色经典画作汇聚成时代画卷，呈现在思想政治教育课堂或纪念馆之中，融党史题材和艺术之美于一体，以独具匠心的视觉美表达革命人士勇于战斗的辉煌历史。此类结合图画符号进行思想政治教学的方式一方面优化了教师的教学方式，另一方面通过直观的方式能使学生更加明确思想政治教育的内容和意义，有利于培养学生正确的思想观念和政治观点。

其次,音频符号的应用使思想政治教育内容以人们喜闻乐见的方式呈现出来,可以更好地贴近现实生活,帮助学生吸收和领悟知识。作为思想政治教育的传播载体,音频符号以学生熟悉的红色音频为主要形式,承载当下社会中的主流意识形态、主流思想文化等内容。音频符号是视觉文化、歌曲旋律与艺术审美的复合体,能够蕴含喜、悲、畏、忧等更多的个性化情感,体现出符号的人文属性,具有强大的生命力。因此,在思想政治教育过程中对音频符号加以利用能够在更大程度上影响学生的认知、情感、意志乃至行动,提升思想政治教育效果。更重要的是,音频艺术取材终归来源于实践,它的创作与社会生活息息相关,在表意方面与时代、文化、当代人的价值观及多元化的情感需求相适应,既满足人们的视听需求,又满足人们的心理需求,让其在闲暇生活中也能通过音频了解本民族优秀的思想文化与时代英雄的光辉事迹。

最后,影像符号的应用可以加强情感共鸣,增强思想政治教育说服力与感染力。影像符号是时代发展的产物,它作为艺术家心理状态的直接镜像,流露出的情感会由红色电影、电视剧、纪录片等影像作品传达给学生,成为增强学生共情力与思想政治教育感染力的一种工具。

(二)图像符号可以丰富高校思想政治教育资源

图像符号是传播信息的技术性载体,可以使高校思想政治教育跨越空间距离,及时传播异地社会话题、新闻热点,增加时代化的思想政治教育资源；也可以突破时间界限重现社会进程中的历史人物和历史事件，厚植思想政治教育资源的历史感。

图像符号的应用可以增加时代条件下的高校思想政治教育资源。思想政治教育工作必须与时俱进，创新教育载体传递当下实时信息。图像符号有成熟的技术作为支撑，通过图像画面进行视觉传输，可以直观地呈现不同空间中的时事热点，使思想政治教学突破空间限制，从当下时代发展中汲取思想政治教育资源，及时、准确传播时代发展中的现实问题，从而增加当代思想政治教育资源，建构起思想政治教育的时代文化。例如，在思想政治教育过程中，教师利用多媒体图像进行教学，融入当前"全球化"背景下的事例，打造跨区域的思想政治教育同频网络课程，使思想政治教育内容因事而化、因时而进、因势而新。这种方式能够及时向学生输送海内外时事政治和新闻热点，实时更新思想政治教育资源，培养学生的国际视野。

图像符号的应用可以丰富高校思想政治教育的历史性资源，强化历史教育。新时代高校思想政治教育要加强历史教育，为全面推进中华民族伟大复兴奠定深厚的历史文化和思想理论基础。图像符号作为传播信息的视觉媒介，能够超越时间限制，通过图像的拍摄与剪辑串联起历史与现实、理论与实践、中国与世界，传承历史进程中的经典故事，表达历史人物的内在精神，增强思想政治教育资源的历史厚重感。

(三) 图像符号可以扩大高校思想政治教育影响力

图像技术的进步使信息传播不再受限于地理位置，实现了各区域的信息共通。在思想政治教育中,利用生动形象的视觉意象画面和图文同构形式呈现教育内容、建构网络课堂,能够拓宽思想政治教育辐射范围。同时,图像符号能全面调动学生的视听感官,给学生提供更多自由想象空间和创造性灵感,对其进行应用有助于增强思想政治教育的吸引力。

以口语化和文字化为讲解形式的思想政治教育过程略显枯燥,而图像符号的应用有利于增强思想政治教育吸引力,聚焦学生的注意力,强化思想政治教育内容对学生的影响。在进行思想政治教学实践时,教师依托现代媒体技术,通过图像化方式将思想政治教育内容进行重现、写实或相似,塑造出具有强大视觉冲击感和震撼力的图像形象,可以增强教育内容的趣味性,引导人们深入把握教育内容所指示的对象并体会其意义。例如,各个国家政务宣讲的实时视频、图片的传播过程就是通过对现实事物的重现、写实来传递时政新闻热点、政治信息与意识形态内容的过程。而红色电影、电视剧则以影像形式塑造人物形象,追求的是与历史情节、历史人物的相似性表达,从而引导广大受众感知影片所传导的崇高精神品质。因此,图像符号在思想政治教育中的应用既能全面调动学生的视听感官,集中学生的注意力,扩大教育影响力;又能使学生被图像符号外显形象吸引,形成对图像符号的感性认知,在潜移默化中坚定马克思主义信仰。

三、图像符号在高校思想政治教育中的应用原则与路径

(一) 图像符号在高校思想政治教育中的应用原则

图像符号不仅能给学生带来艺术的和审美的享受，还能传递一定的图像信息。在思想政治教育中，图像符号的应用必须遵循一定的原则，承载和传递社会所倡导的思想观念、政治观点和道德规范。

1. 生活性原则

思想政治教育深深扎根于实际生活，广泛存在于社会生活当中。这就要求在应用图像符号时遵循生活性原则，将思想政治教育内容用通俗化、日常化的话语表达出来。

(1) 图像符号的内容来源于生活实际。思想政治教育活动要以生动的图像符号助力单一的文本符号，以活泼的生活话语辅助严肃的理论话语，做到从生活中来，到生活中去，增强学生对图像符号内容的理解。生活性与实用性密不可分，思想政治教育中应用的图像符号必须是大众熟知的蕴含普遍意义的图像符号，如聚焦生活实践中的热点事件提炼出的思想政治教育图像符号。思想政治教育能否说服人的实质是思想政治教育话语与主体的日常生活世界相关联。这也反映出只有贴近学生生活，符合其认知习惯，并且能对学生的思想产生实际触动的图像符号，才能增强思想政治教育内容的说服力，使教育内容被更多人认可和接受。

(2)在应用图像符号进行教学时要体现亲和力和情感性,形成平等和谐的学习氛围。教学过程亲和力的高低能反映出思想政治教育工作是否立足于学生实际需求和情感需求。图像能直观地呈现故事情节,它本身就是一种能表达情感,拉近与学生距离的视觉符号。同时,由于人们对某一事物的态度往往是扎根在情感之中的。情感上的刺激更能直击人的心灵,使人的思想受到触动。因此,图像符号必须具有情感性、体现亲和力。需要注意的是,在践行亲和力原则的同时也必须注意把握亲和力的度。

2. 教育性原则

教育性是思想政治教育价值属性的体现。图像符号不仅具有审美价值,能让人获得审美享受,受到艺术熏陶;还具有思想教育价值,能传递教育信息,引导、规范学生的行为。新时代思想政治教育工作的目的是培养德智体美劳全面发展的人,这就要求图像符号的应用必须能够教育和引导学生,使其各方面全面进步。具体到图像符号而言,它既要具备思想政治教育意义,又要具备审美教育意义。

教育性原则要求图像符号具有思想政治教育意义。思想政治教育是启发引导学生思想观念、规范约束学生行为举止的教育性活动。因此,对图像符号的应用必须展现出思想政治教育的价值及功能。具体来讲,一方面,图像符号的内容要紧紧围绕新时代公民道德建设、党的路线方针政策、社会主义现代化建设等思想政治教育内容,杜绝过度使用娱乐性图像符号和不良思想导向图像符号。另一方面,教师传递教育信息与学生接收教育信息以符号为基本单位。图像符号的应用超越了以往简单机械的思想政治理论灌输方式,以一种潜移默化的隐性教育形式实现价值引领。因此,思想政治教育图像符号对人的教育过程主要是通过无形的规劝和教化实现的,即通过图像符号中隐含的价值导向、习俗礼仪、传统文化等内容对学生进行教育。思想政治教育要坚持以情感融通为原则、以说服启蒙为主要方式,注重对学生的规劝和教化,使其养成良好的行为习惯,树立崇高的理想信念。

教育性原则还要求图像符号具有美育教育意义。美育即心灵教育和美学素养教育,也是丰富人们想象力和创造力的教育,能使人们具有美的理想、美的情操、美的品格、美的素养。培养学生的艺术审美力能提高其发现生活中美好事物的能力,形成以积极乐观的态度看待世界、以温和善良的态度对待他人的品性。因此,图像符号的应用必须具有艺术审美性,能给学生带来审美体验,提升学生的艺术情操与艺术鉴赏力。

在思想政治教育具体实践中,只有美观的图像外显形式,缺乏内在思想政治教育意蕴,将使图像符号空有其表,流于形式;而若图像符号只有内在思想政治教育意义,缺乏美观的外显形式,思想政治教育过程则缺乏吸引力。图像符号的应用必须同时兼具艺术审美性和思想政治教育性,唯有如此,才能最大限度发挥图像符号的应用价值。

(二) 图像符号在高校思想政治教育中的应用路径

1. 培养学生图像符号思维

学生是否具备图像符号思维是其准确接收图像信息的关键，严重影响着思想政治教育实效。图像符号价值的充分发挥，不仅需要教师的选取与解读，更少不了学生自身对图像符号内容的理解与吸收。因此，要努力培养学生对视觉信息的科学认识，提升学生对思想政治教育图像符号的认知能力和敏觉度，使其具备图像符号思维。

（1）提升学生分析辨别不同性质图像符号的能力。学生只有具备辨析思维能力才能在面对多元图像符号时坚定正确的立场。因此，需要加强社会主义核心价值观教育，引导学生树立科学的价值观念。同时还要培养学生的遵法意识和道德意识，使其养成规范使用图像符号的行为习惯。可以通过加强对新媒体的管控，利用微博、微信、抖音等媒介向学生传播社会主义核心价值观与法律基础知识，充分发挥网络空间中的舆论导向功能，培养学生对主流价值图像符号的敏感度，明确告知学生散布谣言、传播不良信息必将受到严惩。

此外，还要培养学生的批判性思维。引导学生以"扬弃"的态度甄别社会生活中纷繁复杂的"非理性"信息，提升学生辨别不同类型图像符号的能力。例如，带领学生观看具有优秀传统文化内涵的图像、歌颂英雄人物的图像及反映新时代发展变化的图像等。与此同时，在具体实践过程中，也要注重结合一些反面案例进行比较教育。

（2）培养学生对图像符号的客观理性评析能力和有效转化图像符号的能力。

一方面，学生对图像符号持理性评判思维才能确保图像符号的正确接收。在学习方面，学生要认真学习马克思主义思想，树立辩证唯物主义和历史唯物主义观点。在评价图像符号内容时要立足于客观实际，秉持整体意识和大局意识。可以通过评析图像符号提升理性思维能力，如在观看情感表达强烈、人物塑造丰满的红色电影、电视剧后，可以用影评形式及时记录自己对图像符号内容的直观感受，分享自己的观后感，再与图像符号所承载的真正意义进行对比，以此验证自己对图像符号的理解程度。完成影评的过程既是提升学生对图像符号的理性分析能力的过程，同时也是培养学生对图像符号内容的敏锐度和感知力的过程。

另一方面，学生对图像符号内容的转化是评判教育效果的依据之一。因此，在对图像符号进行客观评析的基础上，还要培养学生对图像符号的知行转化能力，即鼓励学生学习和传播具有积极意义的图像符号，做到内化于心、外化于行。同样，在面对可能会对社会群体造成误导的消极图像符号时，学生要敢于伸张正义、表明立场。

2. 提升教师应用图像符号的能力

视觉早于文字，图像在信息传递的表现力、直观性和感染力上均具有优势。现代传媒条件下，图像符号的这种优势推动人们认知世界的方式从言语、文字转向图像。因而，图像符号的应用是满足学生认知需求和视觉需求的表现。教师作为思想政治教育活动的发动者、组织者和实施者，首先必须提高其图像符号应用能力。这个能力主要包括优选符合社会主流价值观要求的图像符号的能力、使用政治化语言规范解读图像符号的能力、了解学生图像符号需求的能力。

（1）提升思想政治教师优选图像符号的能力。图像符号是思想政治教育的重要资源，对图像符号的选择、开发和利用直接影响思想政治教育的效果。这就要求思想政治教师要具备媒介素养和正确的价值观念，能优选出具有教育价值、符合学生特点、契合教育内容的图像符号，以强化思想政治教育效果。随着科学技术的发展，各种制图软件唾手可得，只要拥有电子设备每个人都可能成为图像符号的生产者，这使得现实生活中图像符号表达的信息多元并存。

一方面，通过开展以图像为核心的媒介素养培训，促进教师了解图像的表达方式、生成机制和传播方式等，提升教师选用图像符号的能力。同时也要注重培养思想政治教师的符号素养，可以通过阅读符号学相关书籍、文献资料，增强教师对符号学知识的了解。此外，思想政治教师还应加强与艺术设计系教师的交流，注重互相借鉴学习以实现优势互补，增强对构图元素、构图方式、构图技巧等全方位的设计能力。

另一方面，确保思想政治教育工作者自身思想没有发生偏差。教师必须具备较高的政治觉悟、坚定的政治立场、高度的政治敏锐性和扎实的政治理论水平才能在挑选图像符号时不被低级趣味图像符号魅惑。基于此，可以通过组织教师定期做好思想总结与工作总结，进行批评与自我批评，及时查验教师是否坚定拥护党的领导，是否具备正确的政治理念。此外，为确保思想政治教师所选取的图像符号的优质性，还要提升教师的对比查验意识。在初步筛选出思想政治教育图像符号后，还应对图像符号进行辩证分析并加强与文本内容的对比，在对比中考证其传递的价值观念有无缺失之处或是否有助于教师讲解教育内容。如果初选出的图像符号不符合思想政治教育文本内容应及时摈弃，以免给学生带来误导。

（2）提升思想政治教师解读图像符号的能力。思想政治教育工作者是否能对图像符号进行正确解码直接影响教育内容的有效传递。思想政治教师正确解读图像符号的关键在于其专业理论水平和语言表达能力的高低。图像符号意义的解读具有开放性，不同的主体对图像符号的解读可能有所不同。思想政治教师要防止学生在理解图像内容时偏离社会主流价值观方向，避免学生的思想被消极腐朽的图像内容侵蚀。

一方面，提升思想政治教师的专业理论水平。通过职业培训、自我学习、观摩学习等方式夯实教师的专业基础，从原理处不断深化对图像符号的认知，进而聚焦图像符号的寓意，明晰图像符号的核心内容，提升"解码"能力，以求为学生传递出正确的价值观念和政治内容。

另一方面，提升教师的语言表达能力。语言是人们在社会生活中表达思想、交流感情、相互沟通的重要工具，也是教育主客体进行互动的主要方式。思想政治教师的角色具有多样性，既是图像符号的主要制作者,又是主要宣传者,其自身必须具有较强的语言表达能力,包括语言表达要通俗易懂、形象生动、语言风格多样化、语音语调要适度等。具体来讲,教师在应用图像符号进行教学时不能作为旁观者,而应提前做好教学研究,收集相关的案例素材,以通俗易懂的话语对图像信息进行解读,使语言表达方式与视觉表达方式相辅相成,高效地将思想政治教育内容传递给学生。例如,教师在引用其他行业大咖的视频课程时,应结合学生实际的知识水平,及时收集学生的问题,根据教学反馈再次以简单化、形象化、接地气的学科语言对视频图像传达的复杂理论、稀有名词、历史脉络等难以理解的内容进行解读。

(3)思想政治教师要加强对学生图像符号需求的了解,增强图像符号应用的精准度。教师与学生由于生活阅历、学历水平、兴趣爱好、行为习惯等的不同,彼此之间存在着不可逾越的鸿沟。思想政治教师必须充分了解学生,在选用图像符号时才能有针对性。如果思想政治教育图像符号的内容表达与情感倾向贴合学生自身的经历或期望,便会引起学生情绪上的共鸣,进而将图像内容内化为自己的价值体系,转化成相应的道德行为。

3. 拓宽图像符号的应用场域

随着互联网广泛覆盖人们的社会生活,图像符号已成为人们沟通交流的物质载体,每个人都可以通过手机、电视、电脑等媒介获取信息、传播信息。由此,必须努力拓宽思想政治教育的覆盖范围，使图像符号的应用场域不再局限于课堂之内，而要拓展到各大网络空间与公共空间中。

在思想政治教育过程中，必须牢牢把握网络空间这个思想政治教育阵地，以社会主流意识形态图像符号引导学生的思想，规范其行为。具体来讲，可以将内含社会主义核心价值观的图片、影像嵌入网络环境之中，发挥思想政治教育图像符号的感染功能进行隐性渗透，从而规范网络空间环境。

4. 创新图像符号具象化内容

思想政治教育图像资源的获取渠道多样，其文本内容是否全面是加强思想政治教育全面性的关键。纵观人类发展历史，创新始终推动着整个人类社会向前发展。创新是一个民族进步的灵魂，是国家兴旺发达的不竭动力。全力挖掘符合学生认知水平的图像内容，创新图像符号表达形式，能够吸引学生注意力，传播社会核心价值。

（1）挖掘中国共产党人在现实生活中的图像故事，加强党史学习教育。中国共产党是中国特色社会主义事业的领导核心，带领中华民族和中国人民战胜磨难，持续走上繁荣富强，从积贫积弱日益走近世界舞台中央。立足于现实生活，挖掘与中国共产党人相关的图像故事，可以使学生深刻体会中国共产党人对整个国家和个人的凝聚力和引领力，从而建立起对国家、民族和党组织的认同感。

（2）立足中华优秀传统文化提炼图像元素，弘扬中华民族精神。中华文化汇集了中华民族在五千多年社会实践中形成的思想理念、传统美德和人文精神，体现了中华民族特有的思维方式和精神品格，含有丰富的图像元素和图像资源。因此，要善于从中华优秀传统文化中提取具有思想政治教育意义的文本进行图像化改编，实现优秀传统文化的创造性转化和创新性发展。

（3）创新新时代思想政治教育图像符号的文本内容及形式，及时更新思想政治教育的价值旨归。历史常常会赋予各个时代不同的主题。面对时代发展产生的新主题、新问题、新挑战，思想政治教育必须与时俱进，不断更新教学方式和传播形式，创新新时代思想政治教育图像符号的内容体系，弘扬时代文化和时代精神。

思想政治教育图像实践应当围绕当下国家的中心工作，传达党和国家的大政方针，进行中国梦、社会主义核心价值观的宣传，为全面建设社会主义现代化国家提供精神动力。还要及时更新新时代涌现出的模范代表人物，以充实思想政治教育图像符号内容体系。

第二节　公益广告促进高校思想政治教育的发挥

一、公益广告的主要特点

公益广告是由政府、公益组织、媒介机构及企业等传播主体发起的，面向广大社会公众的，以宣传社会公共道德、开展宣传思想工作、维护主流意识形态安全及传播社会主义核心价值观为主要内容的非营利性质的广告。

公益广告是以公益诉求为内容，以公共利益为目的的广告，其与以促销商品、宣传品牌为目的的商业广告有着本质上的不同。公益广告主要有如下特点。

第一，公益性。不同于商业广告，公益广告是以满足社会公众利益需求为原则，以维护社会公共利益为目的的公益性质的广告，公益性是其最本质的特征。公益广告的创作宗旨就是为人民谋福利、为国家发展做贡献。因此，无论是政府、公益组织还是企业等机构制作、投放公益广告，皆要担当起主流意识形态引领的社会责任，都要表达出对国家、民族、社会及社会公众的关爱。无论是以保护生态环境、节约自然资源、提倡种族平等为主题的、以维护全社会共同利益为目标的公益广告，还是以提倡人们关注社会特殊群体，如以尊老爱幼、扶弱救残、禁烟戒毒等为主题的广告等，都传达了明确的公益信息，具有鲜明的公益性。

第二，艺术性。在泛娱乐化盛行的今天，部分人对内容浅薄的娱乐节目兴趣浓厚，部分新闻、历史、体育类节目也为博得受众眼球而作出娱乐性的修饰。这种背景下，公益广告要想吸引受众视听、提升宣传效应，就要具备一定的艺术追求和审美价值，增强公益广告的生命力。艺术价值、审美价值虽不是公益广告的主要价值，但却能提升公益广告的宣传效应。一则优秀的公益广告应综合运用多种艺术手段和生动形象的表达方式，融理于情，让受众在接受信息、教育的同时受到美的熏陶。

具有高度艺术性的公益广告所产生的强大视觉冲击力和心灵震撼力可以让受众对广告的消极态度转变为积极热情，从而更好实现公益广告的社会功利目的，即维护公共道德、时政理念及社会公益。

第三，导向性。公益广告的公益性质要求其应比商业广告具有更明确的导向性。公益广告对于社会舆论、意识形态和社会公众的思想政治观念均产生着深刻影响，具有明确的价值取向：其旗帜鲜明地弘扬真善美，坚持着正确的意识形态导向并承载着高度的社会责任感，在传播社会主义核心价值观、宣传党的方针政策等方面发挥了不可替代的作用。

二、公益广告与高校思想政治教育的关联

"伴随现代传媒发展而诞生的公益广告，为思想政治教育开辟了新途径。"[1] 公益广告与思想政治教育之间存在着深刻的内在关联性，这种关联性不仅体现在两者共同的社会教育使命上，还表现在它们对于塑造积极的社会价值观和引导学生形成正确世界观的共同作用上。

第一，公益广告能够为思想政治教育提供丰富的教育资源和案例。公益广告往往通过富有创意和感染力的故事传达其主题，这些故事可以作为思想政治教育的生动教材。通过分析这些广告中的故事情节、人物形象和道德寓意，教师可以帮助学生更好地理解社会主义核心价值观，并将其内化为自己的行为准则。

---

[1] 王文雨. 浅谈公益广告的思想政治教育功能[J]. 经济研究导刊, 2015 (18)：221.

第二，公益广告的传播方式和渠道为思想政治教育提供了新的思路和方法。在当今数字化、信息化的时代背景下，公益广告通过电视、网络、社交媒体等多种渠道广泛传播，其覆盖面和影响力不断扩大。思想政治教育可以借鉴公益广告的传播策略，利用现代科技手段，创新教育方式方法，提高教育的针对性和实效性。

第三，公益广告作为一种特殊类型的广告，其核心目的在于传递正能量，倡导社会公德，弘扬社会主义核心价值观，这与思想政治教育中强调的道德教育、公民意识培养有着异曲同工之妙。公益广告通过生动的视听表现形式，将诸如环保、节约、尊老爱幼、助人为乐等正面价值观传递给大众，特别是青少年学生群体。这些价值观正是思想政治教育中需要重点培养和弘扬的。

第四，公益广告还可以作为思想政治教育实践的一个重要平台。高校可以组织学生参与公益广告的创作、拍摄和宣传活动，让学生在实践中亲身体验和感受社会主义核心价值观的内涵和意义。这种寓教于乐的教育方式不仅能够激发学生的学习兴趣和积极性，还能够培养他们的团队协作能力和社会责任感。

三、公益广告在高校思想政治教育中的发挥

公益广告作为具有高度思想性及艺术性的文化产品，对于促进高校思想政治教育信息传播和载体创新具有重要意义。新时代、新征程，需要多措并举，更好地发挥公益广告的思想政治教育功能。

(一) 强化意识

1. 强化媒体社会责任意识

新闻媒体是中国共产党领导的社会主义国家的媒体,社会主义制度决定了媒体的性质,而媒体的性质又决定其承担着实现经济效益和社会效益的双重任务。媒体机构可以通过社会调查设置合适的广告主题,通过提供合理的广告媒介计划和媒介组合策略实现公益广告传播效果的最大化。媒体应凭借其自身资源优势,对大到广告主题的确定、媒体组合与投放时段的选择,小到广告的文案设计和具体拍摄环节,全过程参与。这些手段不但可以节省广告制作成本,还能更好地保证公益广告的高质量完成,推动其思想政治教育功能的发挥。社会责任是构建媒体公信力的重要基石,因此,我国媒体机构应积极承担社会责任并履行义务,成为社会公众与学生思想、道德、价值的引领者,以更好地履行其作为新闻传播媒介和舆论引导者的社会职责。

2. 强化企业社会公益意识

企业在本质上是以实现盈利为目标的经济实体。但随着社会的不断发展及经济活动的日益复杂,社会公众对企业形象的要求也越来越高,要求企业在拥有突出的、宏大的商业能力的同时,也要具有高度的奉献精神和社会公益意识,要能实现公众与企业在道德上的共鸣。因此,当今企业竞争已经发展到需要通过进一步优化、塑造更好的企业形象和企业品牌以赢得消费者认同感的阶段。为此，企业应在追求经济利益最大化的同时，承担起社会责任，积极投身于公益事业。其中，企业作为广告主或是以赞助的方式参与公益广告的制作过程中就是其投身公益事业的重要渠道。现代企业应着眼整体与长远，主动承担起社会责任，自觉、积极地参与到公益广告的制作与传播中，向公众展现出自身的责任与担当。

（二）优化质量

1. 增进公益广告的思想内涵

一则公益广告要想充分发挥思想政治教育功能，不仅取决于广告的目标与主题，更是与公益广告的思想内涵密切相关。公益广告制作人员的思想道德水平将直接决定公益广告的思想内涵。因此，应提升公益广告制作人员的政治站位和政治素养，为公益广告具有正确的政治方向、舆论导向和价值取向，充分发挥维护主流意识形态安全功能提供保障。

公益广告制作人员思想政治素养的提升需要各方面共同努力。公益广告制作人员思想政治素养的提升效果可以直接反映在公益广告作品当中：广告人思想政治素养的提升让公益广告更具思想文化内涵，从而使所制作的公益广告可以更好地规范公众道德行为意识，传播优秀文化，凝聚社会共识。

此外，各大高校在培养广告人才的过程中要高度重视对其思想政治素质的培养，为公益广告思想政治功能的发挥提供有力的人才支撑。

2. 深化公益广告的教育主题

公益广告制作者应明确公益广告思想政治教育目标，凝练、深化公益广告的教育主题，这是公益广告发挥其思想政治教育功能的首要前提。古往今来，艺术创作的基本规律之一就是以小见大。对于公益广告这种时间、篇幅短小的艺术形式而言，就更应该将其主题聚焦在核心诉求点上。具体而言，深化公益广告教育主题是指通过对公益广告主题的深入挖掘，提炼出其最具教育意义的思想内涵，并将该内涵进行浓缩升华以集中体现。

随着科学技术的不断发展，网络文化下公益广告的主题越发多元，政治思想、爱国爱党、公共道德、社会民生等多种公益广告主题对于规范学生思想道德行为，提高学生思想政治素养具有重要意义。广告制作者应始终围绕中心，服务大局，明确思想政治教育目标，逐渐细化并深化主题，将对主题的宏大阐述转变为聚焦于具体问题，创作出主题契合学生心意、具有较高接受度的公益广告，将先进、科学的道德观念和思想政治理念传递给学生，极大提升学生的思想政治素养。

3. 提升公益广告的制作水平

公益广告的制作水平直接影响着其思想政治教育功能的发挥。因此，公益广告制作人员应在明确广告思想政治目标、广告主题之后，进一步考虑如何更好地构建广告的触动点、记忆点,以提升公益广告的制作水平,促进公益广告思想政治教育功能的发挥。

互联网时代下,媒体技术、数字技术的快速发展和广泛运用,对广告的创意、设计、制作产生了巨大影响。为更好适应时代发展要求,公益广告制作人员应进一步提升自身运用新媒体技术手段的能力,借助现代高科技将更为深刻的价值理念和行动追求注入公益广告中,进而提升公益广告的创作质量和教育效果。

第三节 网络短视频对高校思想政治教育的影响与应对

一、网络短视频的特征与表现

网络短视频是在互联网传播背景下,在网络平台上播放的,适合用户在移动状态或是休闲状态下短暂观看的包含视频、语音、文字、图片、音乐等要素,时长在15秒到5分钟,融合了社会热点、生活教育、休闲娱乐等主题的视频。

(一)网络短视频的特征

第一,碎片化。网络短视频的碎片化特征是指其内容短小精悍,时间长度通常在几秒到几分钟,方便观众在碎片化时间内进行快速浏览。对于大学生而言,碎片化短视频非常适合他们的日常生活节奏。大学生的时间安排往往较为紧凑,学习、社交、兼职等多方面活动占据了他们的大部分时间。在这种情况下，短视频以其简短精练的形式，能够在课间、通勤、休息等零碎时间里被轻松观看。由于短视频内容更新快速、主题多样，学生可以在短时间内获取大量信息。这种碎片化的传播方式虽然提高了信息获取的效率，但也可能导致学生无法深入思考和消化内容，从而影响其思想政治教育的效果。因此，在利用短视频进行思想政治教育时，需要特别注意内容的深度和连贯性，避免过度碎片化带来浅尝辄止的问题。

第二，虚拟化。虚拟化是网络短视频的另一大特征，指的是短视频内容往往通过虚拟的形式呈现，包括虚拟背景、虚拟角色、动画特效等。这种特征使得短视频具有高度的创造性和视觉冲击力，能够吸引大学生的注意力。虚拟化的短视频能够将复杂的政治理论、历史事件、社会现象以生动有趣的方式展现出来，使枯燥的思想政治教育内容变得更加生动活泼。比如，通过动画形式讲述历史故事、使用虚拟角色演绎政治理论等，都可以提高大学生的学习兴趣和参与度。然而，虚拟化也可能带来虚假信息和误导性的风险。由于虚拟内容容易被篡改或夸大，大学生在观看虚拟化短视频时，可能会接收到不准确或片面的信息，影响其对现实问题的正确理解和判断。因此，在利用虚拟化短视频进行思想政治教育时，需要加强内容审核和引导，确保信息的真实性和准确性。

第三，圈层化。圈层化是指网络短视频内容根据观众的兴趣、爱好和社交关系形成不同的圈层，内容传播和接受在特定的圈层内部进行。大学生作为一个特定的群体，也在短视频平台上形成了自己的圈层，比如学习圈、兴趣圈、社交圈等。圈层化使得短视频内容更有针对性，能够更精准地触达特定群体。对于思想政治教育而言，可以利用圈层化特征，制作针对大学生特定需求和兴趣的短视频内容，提高教育的针对性和实效性。比如，在学习圈中传播学习方法和考试技巧，在兴趣圈中结合政治话题和趣味内容进行教育。然而，圈层化也可能导致信息的封闭和同质化，大学生可能只关注自己圈层内的内容，忽略了其他视角和信息，从而导致信息接收的单一性和片面性。因此，在思想政治教育中，应鼓励大学生打破圈层，广泛接触不同类型的内容，培养全面的思维和视野。

第四，同质化。同质化指的是网络短视频内容在形式和主题上的高度相似性，缺乏创新和多样性。这种现象在思想政治教育中表现尤为明显，很多教育类短视频内容雷同、形式单一，难以激发大学生的兴趣和参与度。同质化的短视频容易让观众产生审美疲劳，削弱教育效果。为了克服同质化问题，思想政治教育需要在内容创作上注重创新和多样化。可以结合热点话题、社会事件、流行文化等元素，制作新颖、有趣的短视频内容，吸引大学生的关注。此外，还可以引入互动性强的元素，如直播、评论、弹幕等，增强学生的参与感和互动性。通过不断创新，丰富短视频的形式和内容，才能有效提升思想政治教育的吸引力和影响力，避免同质化带来的负面影响。

(二) 网络短视频的表现

1. 情景结合，声情并茂

短视频媒介以其直观、生动的表现形式，能够将抽象的思想政治理论具象化，通过情境化的表达引起学生的共鸣。例如，通过历史事件的重现或社会现象的剖析，短视频能够在真实场景中展示理论知识，使学生更容易理解和接受。此外，视频中的语言表达和视觉效果可以增强学生的情感投入，使教育内容更加生动和具有感染力，从而提升学生的学习积极性和参与度。

2. 寓教于乐，潜移默化

短视频媒介借助轻松幽默的表现方式，将思想政治教育内容巧妙地融入娱乐元素中，使学生在娱乐享受中潜移默化地接受和消化理论知识。例如，通过卡通形象或幽默情景，短视频能够引发学生的笑声与思考，使教育效果更具有渗透力和持久性。这种方式不仅提升了学习的趣味性，还能有效减少学习负担，促使学生更乐意参与思想政治教育活动。

3. 情景再现，生动形象

短视频媒介通过生动的图像和场景再现，能够使抽象的思想政治概念变得具体和形象化。例如，通过虚拟现实技术或实地拍摄，短视频可以将历史事件或社会实践还原成视觉化的影像，使学生仿佛身临其境，深刻感受到理论知识的真实性和影响力。这种身临其境的体验不仅增强了学生对教育内容的记忆和理解，还有助于培养他们的历史文化意识和社会责任感。

二、网络短视频对高校思想政治教育的影响

第一，推动思想政治教育发展的客观要求。在当今信息爆炸的时代，传统的思想政治教育模式面临着诸多挑战，如内容单一、形式枯燥、互动性差等问题，难以有效激发大学生的学习兴趣和参与热情。网络短视频以其短小精悍、生动形象的特点，能够弥补传统教育方式的不足，成为思想政治教育发展的重要补充。网络短视频能够将抽象的理论知识转化为具体、生动的画面，使大学生更容易理解和接受。这种直观的视觉效果，有助于增强思想政治教育的感染力和说服力。此外，短视频的互动性和分享性特点，可以促进大学生之间的交流与讨论，激发他们自主学习和深度思考，推动思想政治教育从被动灌输向主动参与转变。因此，利用网络短视频开展思想政治教育，既是时代发展的客观要求，也是提升教育效果的重要途径。

第二，顺应信息技术快速发展的必然要求。信息技术的迅猛发展深刻改变了社会的各个方面，尤其是信息传播和获取方式上的变革，对大学生的学习和生活产生了深远影响。网络短视频作为信息技术发展的产物，已成为大学生获取信息和交流思想的重要渠道。在这种背景下，思想政治教育必须顺应信息技术的发展趋势，充分利用新媒体手段，才能更好地适应大学生的需求。网络短视频能够迅速传播和更新，满足了大学生对即时信息的需求，同时其多样化的呈现形式，也符合大学生追

求个性化和多样化的学习方式。通过短视频，思想政治教育可以突破时间和空间的限制，实现随时随地的教育传播，增强教育的覆盖面和影响力。因此，顺应信息技术快速发展的要求，将网络短视频融入思想政治教育，是提升教育现代化水平的重要举措。

第三，适应学生学习方式转变的内在需求。当代大学生的学习方式正在发生深刻变化，他们更加依赖互联网和移动设备获取信息，倾向于利用碎片化时间进行学习。传统的课堂教学方式难以完全满足他们的需求，网络短视频作为一种新型的学习资源，正好契合了大学生的学习习惯和需求。短视频内容简洁明了，信息密度高，能够在短时间内传递大量有效信息，适合大学生在课间、路上等碎片化时间进行观看。此外，网络短视频的互动性和社交性特点，也符合大学生喜欢互动交流、分享观点的学习习惯。通过短视频平台，大学生可以非常方便地与同学、老师甚至社会公众进行互动交流，分享学习心得和体会，进一步加深对思想政治教育内容的理解和认同。因此，适应学生学习方式的转变，利用网络短视频开展思想政治教育，既是教育形式的创新，也是满足大学生内在学习需求的重要手段。

三、网络短视频促进高校思想政治教育的策略

（一）学生维度

1. 增强学生媒介意识

在当今网络短视频盛行的时代，增强学生的媒介意识显得

尤为重要。这不仅是对媒介的认知，更是对信息传播的深度理解。

（1）学生应该提高对媒介的认识，了解媒介信息的传播过程是如何影响社会观念和行为的，认识媒介信息的运作过程有助于学生更好地理解信息传播的规律和媒介对人们思想的塑造。

（2）学生应加强对媒介知识的学习，包括学习媒介的历史演变、不同媒介形式的特点、媒介产业的运作模式等，这有助于学生更全面地了解媒介环境，提高其对信息的敏感度和判断能力。

2. 培养学生媒介能力

为了更好地应对网络短视频对思想政治教育的影响，高校需要培养学生的媒介能力，使他们成为信息时代的主人。

（1）培养学生对媒介信息的选择能力，让他们能够从海量的信息中筛选出真实可靠的内容，避免受到虚假信息的误导。

（2）培养学生对媒介信息的理解能力，不仅要求学生能够理解信息表面的意思，更要求他们深入思考信息背后的深层含义，发掘信息传递的意图和影响。

（3）提高学生对媒介信息的质疑能力，教育学生保持怀疑的态度，善于对信息进行分析和辨别，防止盲目接受不准确的信息。

（4）培养学生对媒介信息的思辨能力，鼓励学生主动参与到信息讨论中来，培养他们独立思考、批判思维和创新精神，提升信息素养。

3. 锤炼学生媒介道德

网络短视频的兴起对学生媒介道德的培养提出了新的挑战和机遇。首先，高校应该通过教育活动和课程设置，加强学生的媒介道德教育，培养他们正确的信息传播和分享观念，引导他们积极参与到媒介伦理的建设中来。其次，提高学生的媒介信息素养，让他们明白网络短视频的内容并非都可信，需要经过甄别和评估，提高他们辨别信息真伪的能力。最后，养成学生媒介自律精神，教育他们正确使用网络短视频的习惯和自我约束意识，避免过度沉迷于虚拟世界，保持理性、健康的媒介使用习惯。通过锤炼学生媒介道德，高校能够培养出德智体美全面发展的优秀学生，为其未来的发展打下坚实的基础。

(二) 教师维度

1. 教师应树立网络短视频的育人思维

在网络短视频影响下，教师需要树立适应信息化教育的思维方式，以更好地应对大学生思想政治教育的挑战和需求。

（1）教师应树立信息化教育思维，意识到网络短视频作为一种新型教学资源的重要性，并积极探索如何将其融入教学实践中，丰富教育内容，激发学生学习兴趣。教师可以通过参与在线社区、专业讨论组等方式，与同行分享经验，共同探讨网络短视频在教学中的应用方法，不断提升自己的教学水平。

（2）教师应树立虚实结合的教育思维，充分认识到网络短视频作为虚拟信息载体的特点,但也要结合实际情况,将其与教材内容、学生实际需求相结合,使教学更加贴近实际,有针对性。教师可以通过案例分析、角色扮演等方式,引导学生将网络短视频中的内容与实际生活相联系,加深他们对所学知识的理解和应用能力。

(3)教师应树立开放合作的教育思维,鼓励学生参与到网络短视频的制作和讨论中来。借助网络平台和社交媒体,开展教学互动,促进师生之间的交流和合作。教师可以组织学生开展网络短视频创作比赛、主题讨论等活动,激发他们的创造力和团队合作精神,培养他们的表达能力和批判思维。

2. 提升教师的网络短视频育人能力

为了更好地利用网络短视频进行思想政治教育,教师需要不断提升自身的网络短视频育人能力。

(1)教师应提升信息获取能力,积极关注网络短视频平台上的热点话题和优质内容,了解学生的兴趣和需求,及时发现和选用适合教学的短视频资源。教师可以定期浏览网络短视频平台,关注与课程内容相关的视频,收集并整理相关资源,为教学提供丰富的素材支持。

(2)教师应提升信息判断能力,对网络短视频的内容进行准确评估,筛选出符合教学要求和学生认知水平的视频资源,避免误导学生或传递不正确的信息。教师可以通过参加专业培训、学习教学法和媒体素养等相关知识,提高自己对网络短视频的辨别能力和判断水平。

(3)教师应提升信息分析能力,深入挖掘网络短视频背后的思想内涵和教育意义,结合课程内容和学生实际,引导学生深入思考,形成正确的政治观念和思想品格。通过引导学生分析网络短视频中传达的信息和价值观,教师可以帮助他们理性看待网络世界,增强辨别是非、抵御误导的能力。

教师只有提升自身的网络短视频育人能力,才能更好地引领学生,帮助他们在信息爆炸的时代中健康成长。

第四节 网络流行语背景下高校思想政治教育的话语创新

网络流行语是伴随着互联网技术的兴起与发展,由现实生活中产生,在网民的广泛普遍使用下,通过网络空间进行快速传播,进而影响人们思想与行为方式的一种语言现象或文化符号。网络流行语作为网络语言的重要分支,对于网络空间内外的事物都有着重要的影响。网络流行语不仅是一种单纯的语言现象,还包含复杂的社会背景。若想探究其对思想政治教育话语所产生的影响,就必须了解其产生的真正背景和其所具有的独特性,透过网络流行语表象,看到其隐含的本质,进而找到提升思想政治教育话语实效性的有效措施。

一、网络流行语的特点

第一,与时代背景相关性强。网络流行语之所以能够成为一种"流行趋势",正是由于其自身与现实的时代背景具有较高的相关性。这种相关性不仅体现在语言表达上,更是一种社会文化的反映。网络流行语能够准确地反映当下社会的真实状况、发展趋势及人们的心理状态。通过对时事、社会热点的敏锐捕捉和独特解读,网络流行语成为一种时代的符号和标志,引领着人们对社会变迁的认知和理解。在网络的大舞台上,人们通过流行语的传播,深入交流着彼此对于时代的感受和思考,形成了一种独特的文化共鸣。

第二,使用主体年轻化趋势明显。网络流行语的创造和传播往往与年青一代息息相关。年轻群体作为时代的先锋和创新者,他们对社会的感知性强,对热点事件有着敏锐的捕捉能力,同时也具备较高的创造性和包容性。在这个群体的推动下,大多数的网络流行语都是由年轻的网民群体创造出来,作为他们对某一事件或现象的独特认知和表达。这种年轻化的趋势使得网络流行语更加贴近时代,更具有代表性和感染力。而年轻人对网络的熟练应用和广泛传播,也为流行语的形成和传播提供了强大的推动力。

第三,传播具有时间效度。网络流行语的传播具有明显的时间效度,通常是针对某一热点事件或社会现象的反映,通过互联网技术在短时间内迅速传播。这种时间效度使得网络流行语能够快速反映出社会的变化和热点,成为人们表达情感、观点和态度的重要工具。然而,与此同时,也意味着这些流行语的生命周期较短,随着事件的淡出或新事件的出现,网络流行语往往会迅速被新的流行语取代。因此,网络流行语的传播不仅是一种语言现象，更是对社会变迁和文化发展的一种记录和见证。

二、高校思想政治教育话语与网络流行语的相关性

(一) 网络流行语的内容折射出话语主体的心理需求

1. 求异心理

网络流行语的内容往往体现了人们追求个性、追求与众不同的心理需求。在高校学生中，这种求异心理尤为突出。大学生作为成年人群体，开始形成自己的独立思想和审美观念，他们渴望通过独特的方式表达自己，寻找与众不同的存在感。因此，一些具有独特性和个性化的网络流行语在高校中尤为流行，成为学生展示自我的途径。比如，"怼""吐槽"等词语，通过直白、有力的表达方式，满足了学生对于表达个性、与众不同的渴望。在思想政治教育中，也应当关注学生的个性发展需求，鼓励他们表达独立思想，探索个性化的人生道路，从而促进其全面发展。

2. 娱乐心理

网络流行语的崛起与传播往往深刻反映了当代人追求娱乐的心理倾向。在高校思想政治教育中，学生常常承受着巨大的学业压力和生活压力，因此，他们渴望一种轻松愉快的情绪释放方式，网络流行语以其幽默、调侃的形式满足了这一心理需求。流行词语通过幽默搞怪的方式，给人带来了愉悦感，成为学生课余生活中的消遣方式。而高校思想政治教育也应当借鉴这种娱乐性，通过轻松幽默的方式，增强学生对思想政治教育的兴趣和参与度，使之成为学生生活中的一种愉悦体验。

(二) 网络流行语与高校思想政治教育具有相同的话语基础

在当今信息化时代，网络流行语与高校思想政治教育话语虽然来自不同的文化土壤，但它们却奇妙地拥有共同的话语基础和话语指向。这不仅体现了现代社会文化交流的多元性，也反映了教育话语与网络文化的深度融合。

网络流行语作为网络文化的重要组成部分，其形成与发展都深深植根于广大网民的日常生活实践中。无论是表达赞美与支持的词汇，还是描述特定行为的短语，它们都是网民在社交互动中根据实际情境创造出来的。这种源于实践的创造性，使得网络流行语具有强大的生命力和传播力。

同样，高校思想政治教育话语也是以实践为基础的。它关注大学生的现实生活，回应社会热点，引导价值观念，传递正能量。通过课堂教学、校园文化活动、社会实践等多种方式，思想政治教育话语将理论与实践相结合，使学生在参与和体验中深化对理论知识的理解，提升思想政治素质。

因此，网络流行语与思想政治教育话语在话语基础上具有高度的相似性。它们都源于实践、服务于实践，是人们在不同文化背景下对现实生活的反映和表达。

三、网络流行语背景下高校思想政治教育话语创新的路径

(一) 对网络流行语去粗取精

第一,吸收网络流行语正面元素,充实思想政治教育话语。在网络流行语的海洋中,涌现出了许多充满正能量、富有创意的词汇和表达方式。高校思想政治教育可以借鉴这些正面元素,以其生动活泼、富有互动性的特点,丰富教育话语的形式和内容。比如,可以引入一些富有幽默感和情感共鸣的网络流行词汇,使思想政治教育更加贴近学生的生活和心理,增强学生的参与感和认同感。此外,网络流行语中也不乏一些积极向上的口号和口号式表达,这些口号往往简洁明了、易于记忆,能够快速传播并引起共鸣。高校思想政治教育可以借助这些口号,设计出具有感染力和号召力的教育口号,激发学生的爱国情怀、责任意识和社会责任感,引导学生树立正确的世界观、人生观和价值观。

第二,剔除网络流行语负面元素,提升思想政治教育话语积极性。尽管网络流行语中有许多积极的元素,但也存在着不少负面甚至有害的内容。对于这些负面元素,高校思想政治教育需要保持警惕,加以剔除和规避,以免对学生产生不良影响。

(二) 加快思想政治教育话语形式灵活转换

1. 借鉴网络流行语的表达方式

当前,思想政治教育话语面对的是与网络相伴相生的社会

主体，他们深受网络流行语的影响，喜爱并善于使用新的话语表达方式。思想政治教育话语的变革创新，对这种新的话语表达方式的借鉴成为必然，适应新的话语形式，才可实现话语内容的高效传递。

（1）将灌输型话语转化为引导型话语。网络流行语的魅力在于引导而非灌输，因此，思想政治教育话语应该放弃单向的灌输式教育，转而采用引导式的表达方式，通过引导学生自主思考、参与讨论，使教育更具渗透力与互动性。

（2）将学理性话语转化为生活化话语。传统的学理性话语往往让学生望而生畏，难以引起共鸣，而网络流行语则以生活化、通俗易懂的表达方式赢得了大众的青睐。因此，思想政治教育话语可以通过生动有趣的生活化语言，将抽象的理论知识与日常生活联系起来，增强学生的兴趣与理解。

（3）将严肃型话语转化为幽默型话语。幽默是打开学生心扉的一把金钥匙，而严肃的话语往往会使学生产生抵触情绪。因此，在思想政治教育中引入一些幽默元素，适时调节课堂氛围，既能吸引学生注意力，又能增强教育效果。

2. 利用网络流行语的传播形式

传统思想政治教育话语的传播因其传播方式存在不足影响了传播的速度与广度，而网络流行语在互联网高度开放的时代因其独特的传播得以广泛传播。思想政治教育话语应充分借鉴和利用网络流行语的传播模式，促使其与现代传播模式结合起来，推动思想政治教育话语传播发展踏上新征程，扩大传播度，提升大众对思想政治教育话语的接受能力。

（1）线下单向教学传播转型为线上双向对话传播。传统的教学模式往往是单向的灌输式传播，而网络流行语的传播是双向互动的，学生可以积极参与，发表自己的看法与观点。因此，思想政治教育话语可以通过线上平台与学生进行双向对话，增强话语的互动性与传播效果。

（2）理论宣讲式传播转型为实践锻炼式传播。传统的理论宣讲往往使学生产生疲劳与抵触情绪，实践锻炼则能够增强学生的参与感与体验感。因此，思想政治教育话语可以通过组织各种实践活动，让学生亲身参与，实践所学理论知识，达到事半功倍的教育效果。

3. 引入网络流行语的交往方式

在网络技术的助推之下，网络流行语给人们呈现出与传统思想政治教育话语截然不同的话语交往方式，进而映射出传统思想政治教育话语与当下话语对象所追求的话语交往方式存在距离。因而，为促进思想政治教育话语与时代接轨，更好地指导人们的实践，思想政治教育话语应充分借鉴网络流行语所体现出来的交往方式，从而实现自身话语交往方式的转型升级。

（1）建设有效网络交往平台。在互联网时代，有效的网络交往平台对于思想政治教育话语的传播至关重要。这些平台不仅能够方便地传播话语内容，还能够促进学生之间的交流与互动，增强话语的影响力与传播效果。

（2）构建和谐网络交往环境。网络交往环境的和谐与否直接影响到思想政治教育话语的传播效果。因此，应该加强网络监管，净化网络空间，营造一个健康、积极、向上的网络交往环境，为思想政治教育话语的传播创造良好的条件。

参考文献

[1] 毕铭. 短视频在大学生日常思想政治教育中的应用 [J]. 高校辅导员学刊, 2024, 16 (2): 86-92.

[2] 操玲玲, 张艳君. 智能与赋能: 思想政治教育方法的新变革 [J]. 继续教育研究, 2024 (4): 103-107.

[3] 常蕊. 网络思想政治教育视域下大学生道德责任感的培育 [J]. 江苏经贸职业技术学院学报, 2023 (6): 36-39.

[4] 陈华. 大学生思想政治教育与心理健康教育融合及实践 [M]. 成都: 四川大学出版社, 2023.

[5] 陈建军. 网络流行语引入思想政治教育的探索 [J]. 中国报业, 2019 (16): 78-79.

[6] 程军伟, 胡翔. 思想政治教育视域下加强高校国家安全教育的新思考 [J]. 铁道警察学院学报, 2021, 31 (5): 110-115.

[7] 董晓蕾. 大学生思想政治教育方法的理论与实践研究

[M]. 北京：北京师范大学出版社，2018.

[8] 董娅. 当代思想政治教育方法发展新论［M］. 北京：中国社会科学出版社，2012.

[9] 冯刚，郭修远. 新时代大学生思想政治教育方法体系的建构［J］. 思想政治教育研究，2024，40（1）：98-102.

[10] 韩玉玲. 网络流行语与青年思想政治教育网络话语权的重塑［J］. 湖北开放职业学院学报，2019，32（9）：86-87.

[11] 郝慧鹏，邢华超. 高校运用短视频开展大学生思想政治教育工作的策略研究［J］. 新闻研究导刊，2024，15（7）：35-37.

[12] 黄静婧. 网络交往视域大学生思想政治教育研究［M］. 南宁：广西科学技术出版社，2023.

[13] 亢必胜，郭朋朋，宋佳宝. 浅谈高校思政教育［J］. 科教导刊-电子版（中旬），2017（29）：61.

[14] 寇晓燕. 网络图像时代高校思想政治教育的视域转换［J］. 教育评论，2017（4）：76-79.

[15] 逯建功，李珍，逯建恒，等. 新时代高校思想政治教育与心理健康教育协同育人机制研究［J］. 南阳理工学院学报，2024，16（3）：73-76.

[16] 李晨旭. 网络流行语对思想政治教育课堂的辅助作用探究［J］. 科教文汇，2019（5）：57-58，61.

[17] 连晶晶. 网络流行语对大学生思想政治教育的影响及其对策探讨［J］. 高教学刊，2020（19）：168-171.

[18] 林思彤. 浅析公益广告的特点及其思想政治教育功能[J]. 科学理论, 2018（12）：178-179, 186.

[19] 刘君. 略论思想政治教育理论教育法的有效运用[J]. 黑龙江高教研究, 2017（5）：153-155.

[20] 刘永梅. 网络短视频思想政治教育叙事的困境及其纾解[J]. 学校党建与思想教育, 2024（6）：16-19.

[21] 鲁雯婷. 新时代大学生思想政治教育方法创新的有效途径[J]. 大众文艺, 2024（11）：137-139.

[22] 庞乃燕. 大学生思想政治教育实践教育法研究[D]. 桂林：广西师范大学, 2012.

[23] 秦朝燕, 王纪鹏. 国家安全观融入高校思想政治教育谫论[J]. 遵义师范学院学报, 2024, 26（2）：141-144.

[24] 丘艳娟. 高校思想政治教育培育时代新人研究[J]. 高校党建与思想教育, 2020（22）：62-63.

[25] 任浩杰, 来姝男. 总体国家安全观视域下加强思政课教师队伍建设研究[J]. 中国军转民, 2024（4）：163-165.

[26] 汤恺. 论和谐社会构建与高校思想政治教育价值的实现[J]. 学校党建与思想教育（高教版）, 2008（7）：20-21.

[27] 汪大本. 高校思想政治教育图像叙事的生成逻辑及策略构建[J]. 江苏高教, 2024（4）：106-111.

[28] 王凡. 新时代高校思想政治教育高质量发展实践路径[J]. 黑河学院学报, 2024, 15（5）：91-94.

[29] 王宏磊, 李津乔, 徐万海. "互联网+"高校思想政治教

育探析[J]. 教育探索, 2023 (11): 66-68.

[30] 王锐琴, 钟军. 基于图像化的高校思想政治教育实现路径探究[J]. 教育理论与实践, 2021, 41 (3): 31-33.

[31] 王文雨. 浅谈公益广告的思想政治教育功能[J]. 经济研究导刊, 2015 (18): 221.

[32] 王玺. 新时代高校思想政治教育治理内涵探赜[J]. 高教学刊, 2023, 9 (31): 172-175, 180.

[33] 王艺霖. 浅谈科学家精神融入思想政治教育的路径研究[J]. 哈尔滨职业技术学院学报, 2023 (1): 115-117.

[34] 魏志强. 论思想政治教育实践教育法[J]. 传承 (学术理论版), 2009 (6): 70-71.

[35] 薛钧元, 毛海波. 新时代高校思想政治教育的新挑战和优化路径研究[J]. 甘肃教育研究, 2024 (6): 64-68.

[36] 颜辉斌. 高校思想政治教育话语表达效能提升研究[J]. 佳木斯大学社会科学学报, 2024, 42 (3): 147-150, 154.

[37] 杨婷. 以红色文化为引领, 做好高校思政教育[J]. 教育艺术, 2023 (4): 8-9.

[38] 余金金, 曹英伟. 公益广告的思想政治教育功能研究[J]. 理论界, 2021 (3): 74-80.

[39] 张鸿雨, 刘振. 新时代高校思想政治教育美育化的发展路径研究[J]. 大众文艺, 2024 (9): 140-142.

[40] 张磊, 韩聪, 叶鑫怡. 高校思想政治教育网络话语权提升路径探析[J]. 黑龙江教师发展学院学报, 2023, 42 (11): 144-146.

[41] 张晓丽. 论校园公益广告与大学生思想政治教育［J］. 科教文汇, 2018（1）: 15-17.

[42] 张亦婷. "坚持胸怀天下"对高校思想政治教育的价值探析［J］. 重庆电力高等专科学校学报, 2024, 29（3）: 57-61.

[43] 张震环. 教师主体性与高校思想政治教育价值实现［J］. 继续教育研究, 2012（8）: 123-125.

[44] 赵子祥, 黄雅琨. 思想政治教育视角下大学生网络道德教育探析［J］. 黑龙江教育学院学报, 2018, 37（4）: 98-100.

[45] 周梦云, 张冰清. 新时代科学家精神融入思想政治教育研究［J］. 教育探索, 2023（4）: 57-61.

[46] 宗玲. 新时代总体国家安全观融入高校思想政治教育的路径研究［J］. 大学: 思政教研, 2023（6）: 90-93.